W0289500

Golfregeln
in Frage und Antwort

Vorbereitung auf die DGV-Platzreife

- Die wichtigsten Golfregeln
- 160 Regelfälle mit Lösungen
- Etikette – und was wirklich dahinter steckt
- Wissenswertes über Handicap und Course Rating
- Golfbegriffe von A bis Z

Impressum

Herausgeber
Deutscher Golf Verband e.V.
Viktoriastraße 16
65189 Wiesbaden
Tel. (06 11) 9 90 20-0
Fax (06 11) 9 90 20-40
info@dgv.golf.de
Internet: www.golf.de/dgv

mit freundlicher Unterstützung durch:
Vereinigung clubfreier Golfspieler im Deutschen Golf Verband e.V. (VcG)

Verlag
Albrecht Golf Verlag GmbH, Freihamer Straße 2, 82166 Gräfelfing
Tel.: 0 89/85 85 3-5 31, Fax: 0 89/8 58 53-197
Internet: http://www.golf.de
http://www.golffuehrer.de
E-Mail: golf@albrecht.de

Verantwortlich für den Inhalt: Alexander Klose

Gesamtherstellung: Albrecht Golf Verlag GmbH, Gräfelfing

Grafik und Satz: Liebl Satz + Grafik, Emmering

Druck: Heichlinger Druckerei GmbH

Herausgegeben: Februar 2006

Copyright
VEREINIGUNG CLUBFREIER GOLFSPIELER (VcG)
im Deutschen Golf Verband e.V., Wiesbaden

Das Werk einschließlich all seiner Teile ist urheberrechtlich geschützt. Jede Verwendung außerhalb der engen Grenzen des Urheberrechtsgesetzes ist ohne Zustimmung der VcG unzulässig und strafbar. Das gilt insbesondere für Vervielfältigungen, Übersetzungen sowie die Einspeicherung und Verarbeitung in elektronischen Systemen.

Titelbild
Der Deutsche Mannschaftsmeister 2005, Golfclub St. Leon-Rot, während der Proberunde

ISBN 3-87014-232-4

Inhaltsverzeichnis

Vorwort – Wegweiser

Allen Golfern bzw. Golfinteressierten, vom Anfänger bis hin zum Single-Handicapper und Regelkundigen, zeigt dieses Buch 160 Regelfälle aus der golferischen Praxis mit Fragen und Antworten auf. Dabei dient es vor allem einer erfolgversprechenden Vorbereitung auf die DGV-Platzreife. Denn die Prüfungsfragen stammen aus dem Kreis der 160 Regelfragen dieses Buches.

Darüberhinaus beinhaltet das Buch nützliche Tipps und Wissenswertes rund um das Golfspiel.

Sowohl Theorie als auch Praxis sind in dieser Publikation vereint. Jeder kann sich immer wieder selbst überprüfen, ob er auf der Runde die korrekte Antwort gewusst oder die richtige Entscheidung getroffen hätte.

Die Fragen sind im bekannten Multiple-choice-Verfahren zusammengestellt. Die **Antworten** zu den Fragen erhalten Sie jeweils **durch Umknicken des perforierten Seitenrandes.** Lassen Sie sich nicht von sich selbst täuschen, die Antworten auf dem jeweiligen Seitenrand gehören nicht zu den Fragen der gleichen Seite. **Sie müssen, um die richtigen Lösungen zu erhalten, den Seitenrand umknicken.**

Beachten Sie beim Durcharbeiten der Regelfragen vor allem Folgendes:

1. Seien Sie ehrlich zu sich selbst. Versuchen Sie nicht, sich die Antworten durch Umblättern vorwegzunehmen – in der Prüfung zur Platzerlaubnis oder später auf dem Platz sagt Ihnen ja auch niemand vor.

2. Verwenden Sie als Hilfsmittel im Zweifelsfall das offizielle Regelbuch des Deutschen Golf Verbandes. Dieses kleine Buch sollten Sie auf der Golfrunde und speziell bei Wettspielen immer mitführen.

3. Im Anhang dieses Buches finden Sie zu den Lösungen auch einen Verweis auf die konkret anzuwendende Regel.

4. Die 160 Fragen erheben nicht den Anspruch auf Vollständigkeit und Wiedergabe aller Spielsituationen. Wenn Sie glauben, schlecht abgeschnitten zu haben, resignieren Sie nicht. Die abschließende „Urteilsfindung" bei so mancher vorgegebenen Spielsituation wird möglicherweise selbst bei anerkannten Regelexperten zu Diskussionen führen.

Wir wünschen Ihnen viel Erfolg bei Ihrem Regelstudium und gutes Spiel!

Golfregeln kompakt

Einleitung

Golf ist ein Spiel, bei dem ein Ball mit einem Schläger von einer hergerichteten Fläche, Abschlag genannt, im Gelände über die Spielbahn und Rough hinweg auf eine andere hergerichtete Fläche, Grün genannt, mit einem darin befindlichen Loch, gespielt wird. Das Ziel des Spiels ist es, dafür möglichst wenig Schläge zu benötigen. Eine Runde Golf besteht in der Regel aus dem Spiel von 18 Spielbahnen (sog. „Löchern"). Und:

Nur wer nach den Regeln spielt, spielt Golf!

Es gibt grundsätzlich zwei Spielformen, wovon die eine, das Lochspiel, durch gewonnene und verlorene Löcher und die andere, das Zählspiel, durch die Gesamtzahl der ausgeführten Schläge auf der gesamten Runde entschieden wird (siehe hierzu im Einzelnen das Heft „Spielformen"). Die übliche Strafe bei Regelverstoß ist im Allgemeinen:

Lochspiel:	1 Strafschlag	1L
	Lochverlust	LV
Zählspiel:	1 Strafschlag	1Z
	2 Strafschläge	2Z
Disqualifikation		DQ

Diese Strafen werden im Text jeweils mit den vorstehenden Symbolen gekennzeichnet.

© 2004 Deutscher Golf Verband e.V.
Verantwortlich für den Inhalt: Regelausschuss des Deutschen Golf Verbandes e.V.

Es gelten drei ***wichtige Grundsätze***, die Sie beherzigen sollten, wenn Sie Golf spielen:

„Spiele den Ball, wie er liegt."

„Spiele den Platz, wie Du ihn vorfindest."

„Wenn Du keines von beiden kannst,
bleibe fair."

Um das zu tun, was fair ist, muss man die Regeln kennen, denn sie kennzeichnen den Rahmen für ein faires, sportliches Miteinander.

Im Folgenden geben wir Ihnen, soweit wie möglich, eine vereinfachte Zusammenfassung der Golfregeln. Mehr kann man den „Offiziellen Golfregeln" entnehmen, in denen die „Hinweise für die Benutzung des DGV-Regelbuchs" (auf den ersten Seiten des Buchs) hilfreich sein mögen. Scheuen Sie sich nicht hineinzuschauen; es lohnt sich!

Etikette

Niemand soll sich bewegen oder hinter dem Spieler stehen, wenn dieser einen Schlag ausführt.

Spieler sollten zu jeder Zeit auf alle anderen Spieler auf dem Platz Rücksicht nehmen. Wenn auch die folgenden Punkte, streng genommen, keine Regeln sind, so sind sie dennoch ein wichtiger Teil des Spiels.

- Bewegen Sie sich nicht, sprechen oder stehen Sie nicht in der Nähe eines Spielers, der einen Schlag ausführt.
- Spielen Sie niemals, bevor die Gruppe vor Ihnen außer Reichweite ist.
- Spielen Sie immer zügig und ohne Verzögerung. Verlassen Sie das Grün unverzüglich, sobald alle Spieler Ihrer Gruppe eingelocht haben.
- Fordern Sie schnellere Gruppen, die auf Ihre Gruppe „auflaufen", zum Durchspielen auf.
- Legen Sie herausgeschlagene Grasnarben („Divots") zurück, und ebnen Sie Fußspuren in Bunkern ein.
- Treten Sie nicht auf die Puttlinie eines anderen Spielers.
- Lassen Sie keine Schläger auf das Grün fallen, stützen Sie sich nicht auf den Putter und beheben Sie auf dem Grün alle durch Einschlag des Balls hervorgerufenen Schäden („Pitchmarks").
- Setzen Sie den Flaggenstock vorsichtig wieder ins Loch ein.

Eine gute Kenntnis der im Golf verwendeten Begriffe ist bei der korrekten Anwendung der Regeln sehr hilfreich. Diese Begriffe werden in den Regeln immer wieder genannt und haben dabei stets die hier genannte Bedeutung. Dazu gehören:

Abschlag Hier beginnt das zu spielende Loch, er ist gekennzeichnet durch zwei Abschlagsmarkierungen.

Aus Ist jenseits der Platzgrenzen oder jeder Teil des Platzes, der durch die Spielleitung als Aus gekennzeichnet ist. Ein Ball ist im Aus, wenn er vollständig im Aus liegt.

Gelände Ist der gesamte Bereich des Golfplatzes, ausgenommen der Abschlag und das Grün des zu spielenden Lochs, sowie alle Hindernisse auf dem Platz.

Ein Abschlag. Dieser ist 2 Schlägerlängen tief und rechteckig.

Ist der Ball im „Aus" oder nicht?

Definitionen/Erklärungen

Grün Ist eine für das Putten besonders hergerichtete Fläche, die mit einem Loch mit einem Durchmesser von 10,8 cm versehen ist.

Ein Grün, umgeben von einem Bunker.

Hemmnisse Sind alle künstlich hergestellten Gegenstände, ausgenommen:

- Gegenstände zum Bezeichnen von Aus (z. B. die weißen Auspfosten);
- jeder im Aus befindliche Teil eines unbeweglichen, künstlich hergestellten Gegenstandes;
- jede von der Spielleitung in den Platzregeln zum Bestandteil des Platzes erklärte Anlage.

Hindernisse Sind alle Bunker und Wasserhindernisse auf dem Platz (werden Pfähle oder Linien zur Kennzeichnung benutzt, müssen diese bei Wasserhindernissen gelb und bei seitlichen Wasserhindernissen rot sein).

Lose hinderliche Naturstoffe Sind natürliche Gegenstände wie Steine, Blätter oder Zweige, sofern sie nicht befestigt oder angewachsen oder fest eingebettet sind und auch nicht am Ball haften.

Nächstgelegener Punkt der Erleichterung Ist der Bezugspunkt bei Inanspruchnahme von strafloser Erleichterung von Behinderung durch ein unbewegliches Hemmnis, einen ungewöhnlich beschaffenen Boden oder ein falsches Grün. Er ist der dem Ball nächstgelegene Punkt auf dem Platz, nicht näher zum Loch, an dem, läge der Ball dort, keine Behinderung durch derartige Umstände bestehen würde. Dies gilt für den Schlag, den der Spieler spielen würde, wenn an der ursprünglichen Lage des Balles keine Behinderung gegeben wäre.

Ungewöhnlich beschaffener Boden
Bezeichnet als Oberbegriff folgende erschwerte Umstände auf dem Platz:

- ***Zeitweiliges Wasser*** – jede vorübergehende Wasseransammlung auf dem Platz, die sichtbar ist, bevor oder nachdem der Spieler seinen Stand einnimmt. Tau und Reif gelten nicht als zeitweiliges Wasser.
- ***Boden in Ausbesserung*** – jeder Teil des Platzes, der durch die Spielleitung dazu (z. B. durch blaue Pfosten) gekennzeichnet wurde. Dies schließt zur Beseitigung angehäuftes Material und von Platzpflegern gemachte Löcher mit ein,

selbst, wenn sie nicht entsprechend gekennzeichnet sind.

■ ***Loch, Aufgeworfenes oder Laufweg eines Erdgänge grabenden Tiers***, das einen Bau als Unterkunft oder zu seinem Schutz anlegt (z. B. Kaninchen, Maulwurf u. a.).

Zeitweiliges Wasser auf dem Grün.

Regeln 11, 13 und 14

Grundsätzliches

Bevor Sie die Runde beginnen:

■ Lesen Sie die Platzregeln auf der Zählkarte („Scorekarte").
■ Versehen Sie Ihren Ball mit einem Zeichen zur Identifizierung (z. B. Ihren Initialen). Viele Golfer spielen Bälle der gleichen Marke, und wenn Sie Ihren Ball nicht identifizieren können, so gilt er als verloren.
■ Zählen Sie Ihre Schläger. Maximal 14 Schläger sind erlaubt.
■ Fragen Sie während der Runde keinen anderen (außer Ihren Partner oder Caddie) nach Rat. Geben Sie selbst keinem anderen (außer Ihrem Partner) einen Rat. Regelauskunft ist aber erlaubt.
■ Beim Spielen eines Lochs dürfen Sie keinen Übungsschlag spielen. Anderes gilt natürlich für einen bloßen Übungsschwung.

Spielbeginn

■ Schlagen Sie zwischen und nicht vor den Abschlagsmarkierungen ab. Sie dürfen bis zu zwei Schlägerlängen hinter der gedachten Linie zwischen den Abschlagsmarkierungen abschlagen **R 11**.

Äste dürfen nicht abgebrochen werden. Sand auf dem Grün darf mit der Hand oder dem Schläger entfernt werden.

Wie der Ball gespielt werden muss

■ Spielen Sie den Ball wie er liegt. Verbessern Sie nicht seine Lage, den Raum Ihres beabsichtigten Stands oder Schwungs oder Ihre Spiellinie, indem Sie irgendetwas Befestigtes oder Angewachsenes bewegen, biegen oder brechen; es sei denn, dies geschieht beim ehrlichen Bemühen, Stand zu beziehen oder den Schwung zum Schlag auszuführen. Pressen oder drücken Sie nichts nieder und „bauen" Sie sich keinen Stand. Verstoß: (LV) (2Z).

■ Liegt Ihr Ball in einem Bunker oder Wasserhindernis, berühren Sie nicht (z. B. mit einem Schläger) den Boden im Bunker oder Wasserhindernis oder die Wasseroberfläche im Wasserhindernis vor Ihrem Abschwung zum Schlag. Verstoß: (LV) (2Z) **R 13**.

■ Der Ball muss ehrlich geschlagen und darf nicht gestoßen oder gelöffelt werden. Verstoß: (LV) (2Z) **R 14**.

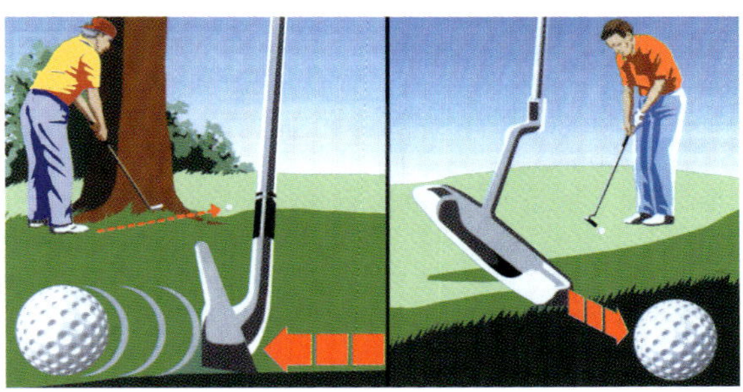

Der Ball darf mit jedem Teil des Schlägerkopfes geschlagen werden.

Regeln 15, 16, 17, 18

■ Beim Spielen eines falschen Balls (ausgenommen in einem Hindernis) gilt die allgemein übliche Strafe (LV)(2Z), und Sie müssen dann den richtigen Ball spielen. Tun Sie das nicht, bevor Sie vom nächsten Abschlag abspielen, so ist die Strafe für Verstoß: (LV); im Zählspiel (DQ) **R 15**.

Auf dem Grün

■ Sie dürfen Balleinschlaglöcher und alte Locheinsätze auf Ihrer Puttlinie ausbessern, aber keinerlei andere Beschädigungen, Spike-Abdrücke eingeschlossen. Verstoß: (LV)(2Z).

Wann darf man auf dem Grün die Puttlinie berühren?

■ Sie dürfen die Lage Ihres Balls auf dem Grün markieren, ihn danach aufnehmen und reinigen. Der Ball muss genau an die markierte Stelle zurückgelegt werden.

■ Vergewissern Sie sich vor Ihrem Putt, dass der Flaggenstock entfernt wurde oder bedient wird. Trifft nämlich ein auf dem Grün gespielter Ball den Flaggenstock, so gilt die allgemein übliche Strafe (LV)(2Z).

Ball in Ruhe bewegt

■ Wenn Sie versehentlich verursachen, dass sich Ihr Ball bewegt oder ihn aufnehmen, ohne dass dies nach einer Regel erlaubt ist, so müssen Sie sich einen Strafschlag hinzurechnen und den Ball in die ursprüngliche Lage zurücklegen. Wird der Ball nicht zurückgelegt, so ziehen Sie sich die allgemein übliche Strafe (LV)(2Z) zu.

■ Ist Ihr zur Ruhe gekommener Ball durch irgendjemand anderes oder durch einen anderen Ball bewegt worden, so legen Sie ihn an seine ursprüngliche Stelle zurück, was für Sie straflos ist.

Ball in Bewegung abgelenkt: Siehe unten.

Regel 19

Ball in Bewegung abgelenkt oder aufgehalten

■ Wird ein von Ihnen geschlagener Ball durch Sie, Ihren Partner oder Caddie abgelenkt oder aufgehalten, so ziehen Sie sich die allgemein übliche Strafe (LV) (2Z) zu, und der Ball muss gespielt werden wie er liegt.
■ Wird ein von Ihnen geschlagener Ball durch irgendjemand anderes abgelenkt oder aufgehalten, so spielen Sie straflos Ihren Ball wie er liegt, ausgenommen: (a) in einem Lochspiel haben Sie die Wahlmöglichkeit, den Schlag zu wiederholen, wenn Ihr Gegner oder dessen Caddie Ihren Ball abgelenkt hat, oder (b) im Zählspiel muss der auf dem Grün gespielte Ball, der abgelenkt wird, erneut gespielt werden.
■ Wird ein von Ihnen geschlagener Ball durch einen anderen in Ruhe befindlichen Ball abgelenkt oder aufgehalten, so ist dies straflos und der Ball muss gespielt werden wie er liegt, ausgenommen Ihr Ball ist in einem Zählspiel auf dem Grün gespielt worden und hat einen dort liegenden Ball getroffen, dann erhalten Sie als Spieler die allgemein übliche Strafe (2Z) **R 19**.

Regel 20

Aufnehmen, Fallenlassen und Hinlegen des Balls

■ Wenn Sie einen Ball aufnehmen (z. B. auf dem Grün), der an die ursprüngliche Stelle zurückzulegen ist, so muss vorher seine Lage gekennzeichnet werden. Verstoß: 1L 1Z. Wenn ein Ball aufgenommen wurde und an einer anderen Stelle fallen gelassen oder hingelegt werden muss, z. B. innerhalb zweier Schlägerlängen nach der Unspielbarkeitsregel, sollten Sie die ursprüngliche Lage des Balls ebenfalls kennzeichnen, müssen es aber nicht tun.

■ Wenn Sie einen Ball fallen lassen, müssen Sie aufrecht stehen und den Ball in Schulterhöhe mit ausgestrecktem Arm fallen lassen. Verstoß, wenn der Fehler nicht berichtigt wird: 1L 1Z. Trifft ein fallen gelassener Ball Sie selbst oder Ihren Partner bzw. Caddie oder Ausrüstung, so muss der Ball nochmals straflos fallen gelassen werden.

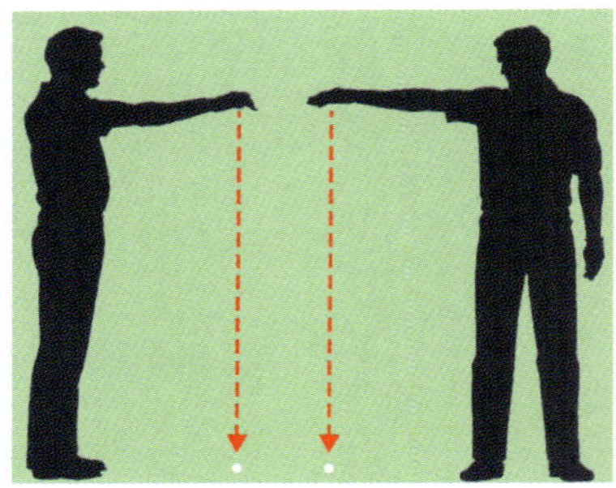

Richtiges Fallenlassen: Arm ausgestreckt und in Schulterhöhe.

■ Ein fallen gelassener Ball muss erneut fallen gelassen werden, wenn er in ein Hindernis, aus einem Hindernis heraus, auf ein Grün, ins Aus oder in eine Lage rollt, in der Behinderung durch den Umstand gegeben ist, von dem straflose Erleichterung in Anspruch genommen worden war (z. B. einem unbeweglichen Hemmnis). Verstoß: LV 2Z.

Wann muss das Fallenlassen wiederholt werden?

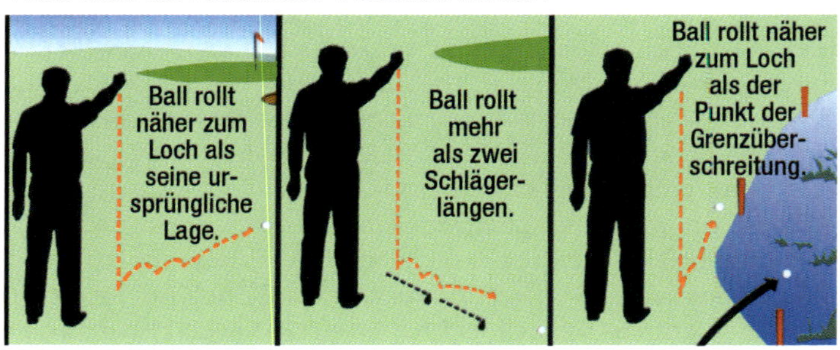

■ Erneutes Fallenlassen ist auch dann erforderlich, wenn der fallen gelassene Ball weiter als zwei Schlägerlängen von der Stelle, an der er fallen gelassen wurde, oder näher zum Loch als seine ursprüngliche Lage oder dem nächstgelegenen Punkt der Erleichterung oder der Kreuzungsstelle an der Grenze eines Wasserhindernisses zur Ruhe kommt.
Rollt der erneut fallen gelassene Ball in eine Lage wie oben aufgezählt, so muss er an der Stelle hingelegt werden, an der er zum ersten Mal auf dem Platz auftraf, als er erneut fallen gelassen wurde. Verstoß: (LV) (2Z) **R 20**.

Regeln 22, 23, 24

Ball behindert oder unterstützt Spiel

■ Sie dürfen Ihren Ball aufnehmen, wenn dieser irgendeinen anderen Spieler unterstützen könnte. Sie dürfen jeden anderen Ball aufnehmen lassen, wenn Sie der Ansicht sind, dieser behindere ihr eigenes oder unterstütze das Spiel eines anderen Spielers **R 22**.

Lose hinderliche Naturstoffe

■ Sie dürfen einen *losen hinderlichen Naturstoff* bewegen, sofern sich Ihr Ball und der lose hinderliche Naturstoff nicht in einem *Hindernis* befinden. Bewegt sich der Ball, weil Sie einen losen hinderlichen Naturstoff berühren, so ziehen Sie sich einen Strafschlag zu (ausgenommen Ihr Ball war auf dem Grün), und der Ball muss an die ursprüngliche Stelle zurückgelegt werden **R 23 u. R 18-2**.

Siehe Erklärung „Lose hinderliche Naturstoffe" in den Golfregeln.

Siehe Erklärung „Hemmnisse" in den Golfregeln.

Hemmnisse

- Bewegliche Hemmnisse (z. B. Harken, Blechdosen usw.) dürfen überall auf dem Platz straflos bewegt werden. Wird dabei Ihr Ball bewegt, so ist dies straflos und der Ball muss an die ursprüngliche Stelle zurückgelegt werden.
- Lesen Sie die Platzregeln auf der Zählkarte in Bezug auf unbewegliche *Hemmnisse* (z. B. welche Wege oder Straßen künstlich hergestellte Oberflächen haben) sehr sorgfältig.
- Straflose Erleichterung (ausgenommen in einem Wasserhindernis): Behindert ein unbewegliches Hemmnis (z. B. eine Schutzhütte oder ein Weg mit künstlicher Oberfläche) unmittelbar Ihren Stand, Schwung oder die Lage des Balles, so dürfen Sie innerhalb einer Schlägerlänge vom nächstgelegenen Punkt der Erleichterung und nicht näher zum Loch als dieser Punkt Ihren Ball straflos fallen lassen. Erleichterung von einem unbeweglichen Hemmnis auf der Spiellinie, das nur die Flugbahn Ihres Balls behindert, gibt es nicht, ausgenommen auf dem Grün, wenn sich sowohl Ball als auch das unbewegliche Hemmnis auf dem Grün befinden **R 24**.

Behinderung von Stand, Schwung oder Lage des Balles durch einen Kanaldeckel.

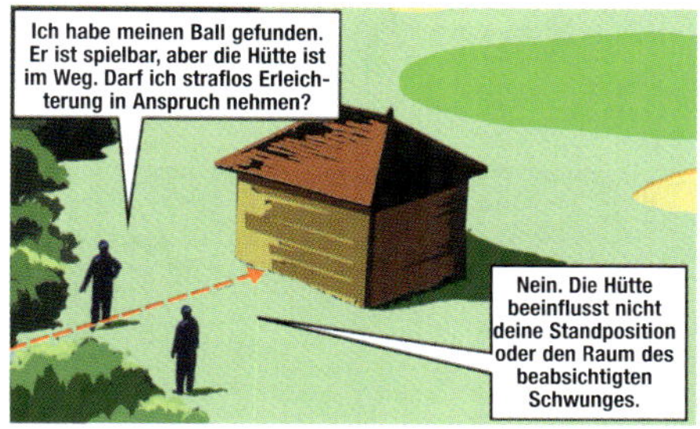

Ein unbewegliches Hemmnis in der Spiellinie berechtigt nicht zur Anwendung von Regel 24-2. **R 24**

Regel 25

Ungewöhnlich beschaffener Boden

■ Straflose Erleichterung (ausgenommen in einem Wasserhindernis): Ist Ihr Ball in einer Lage, in der Behinderung durch einen ungewöhnlich beschaffenen Boden (zeitweiliges Wasser, Boden in Ausbesserung oder Loch, Aufgeworfenes oder Laufweg eines Erdgänge grabenden Tiers usw.) besteht, so dürfen Sie innerhalb einer Schlägerlänge vom nächstgelegenen Punkt der Erleichterung, aber nicht näher zum Loch als dieser Punkt, einen Ball fallen lassen. Erleichterung von einer Behinderung durch einen ungewöhnlich beschaffenen Boden auf der Spiellinie gibt es nicht, ausgenommen auf dem Grün, wenn sich sowohl Ball als auch ungewöhnlich beschaffener Boden auf dem Grün befinden **R 25**.

Regel 26

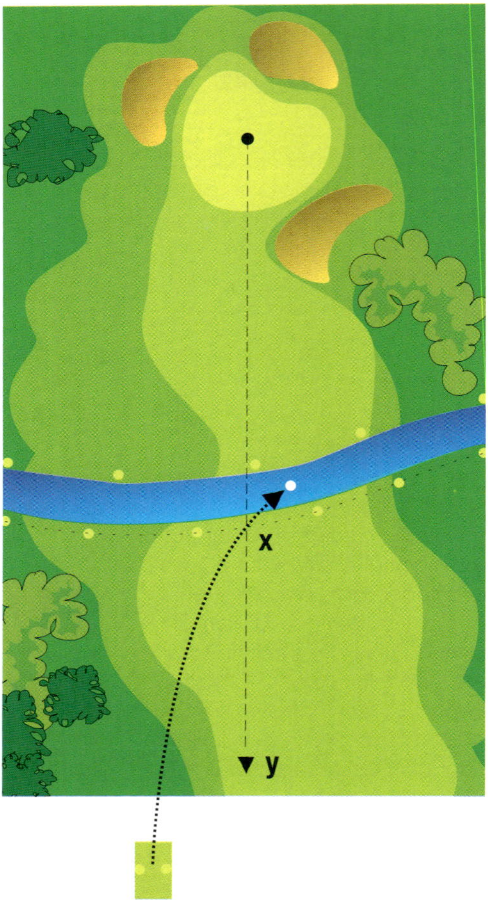

Der Ball überquert bei „x" die Grenze des Wasserhindernisses. Ein neuer Ball kann mit 1 Strafschlag auf der Linie „x–y" fallen gelassen werden. **R 26**

Wasserhindernisse

Stellen Sie durch genaue Lektüre der Platzregeln auf der Zählkarte fest, welche Seen oder Teiche, Flüsse, Bäche oder Gräben usw. in den Platzregeln als *Wasserhindernisse* und welche als seitliche Wasserhindernisse bezeichnet sind.

- Ball liegt im Wasserhindernis: Spielen Sie den Ball wie er liegt, oder lassen Sie, jeweils mit einem Strafschlag, einen Ball auf der verlängerten Verbindungslinie zwischen Loch und Kreuzungspunkt, an dem der Ball zuletzt die Wasserhindernisgrenze überquert hat, in beliebiger Entfernung hinter dem Wasserhindernis fallen, oder spielen Sie nochmals von der Stelle, von der Sie den Ball ins Wasserhindernis geschlagen haben.
- Ball liegt im seitlichen Wasserhindernis: Zusätzlich zu den oben genannten Wahlmöglichkeiten dürfen Sie, jeweils mit einem Strafschlag, innerhalb zweier Schlägerlängen entweder vom Kreuzungspunkt, an dem der Ball zuletzt die Wasserhindernisgrenze überquert hat, oder von einem Punkt auf der gegenüberliegenden Seite, mit gleichem Abstand zum Loch, einen Ball fallen lassen, und zwar nicht näher zum Loch als die oben angegebenen Punkte.

Regel 27

Ball verloren oder im Aus
Provisorischer Ball

Lesen Sie die Platzregeln auf der die Zählkarte genau, damit Sie die Grenzen des Platzes gut kennen.

- Wenn Ihr Ball außerhalb eines Wasserhindernisses verloren ging oder im Aus ist, müssen Sie einen anderen Ball mit einem Strafschlag von derjenigen Stelle spielen, von der Sie den letzten Schlag gespielt hatten. Sie dürfen fünf Minuten nach einem Ball suchen. Ist er nach dieser Suchfrist weder gefunden noch identifiziert, so gilt er als verloren.
- Wenn Sie nach einem Schlag glauben, dass Ihr Ball außerhalb eines Wasserhindernisses verloren oder im Aus ist, sollten Sie einen „provisorischen Ball" spielen. Dies müssen Sie vorher ansagen, und Sie müssen ihn spielen, bevor Sie vorgehen, um den ursprünglichen Ball zu suchen. Falls Ihr ursprünglicher Ball verloren oder im „Aus" ist, müssen Sie das Spiel mit dem provisorischen Ball fortsetzen, andernfalls bleibt Ihr ursprünglicher Ball Ihr „Ball im Spiel" **R 27**.

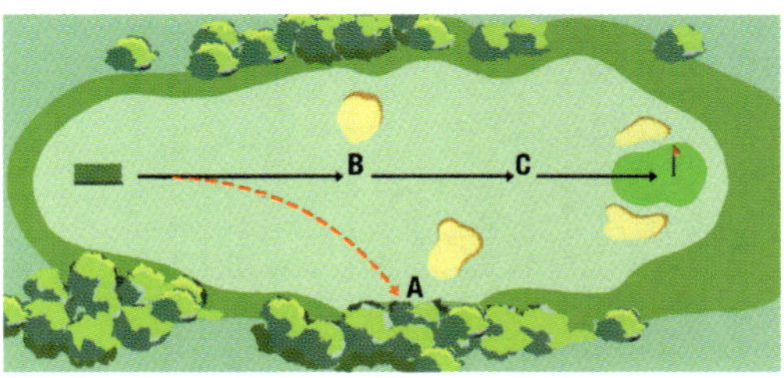

Liegt der erste Ball vermutlich bei (A), kann ein provisorisch gespielter Ball noch von (B) weitergespielt werden, jedoch nicht von (C).

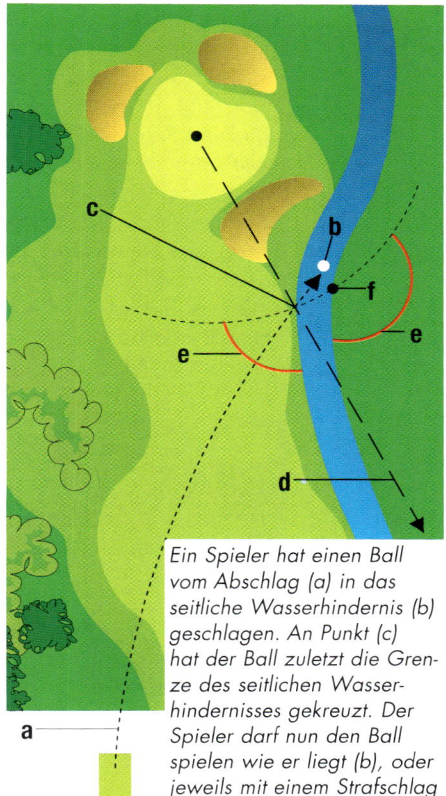

Ein Spieler hat einen Ball vom Abschlag (a) in das seitliche Wasserhindernis (b) geschlagen. An Punkt (c) hat der Ball zuletzt die Grenze des seitlichen Wasserhindernisses gekreuzt. Der Spieler darf nun den Ball spielen wie er liegt (b), oder jeweils mit einem Strafschlag einen Ball noch einmal vom Abschlag spielen (a), oder irgendwo hinter dem Hindernis auf der gestrichelten Linie vom Loch hinter Punkt (c) einen Ball fallen lassen, z. B. an Punkt (d). Oder ebenfalls mit einem Strafschlag einen Ball auf der näher gelegenen Seite des Hindernisses (c) oder auf der entfernteren Seite des Hindernisses (f) fallen lassen (e), innerhalb zweier Schlägerlängen von Punkt (c) bzw. (f), jedoch nicht näher zum Loch als Punkt (c) bzw. (f).

Regel 28

Ball unspielbar

■ Wenn Sie glauben, Ihr Ball sei unspielbar (es unterliegt allein Ihrer Einschätzung), so dürfen Sie, ausgenommen der Ball ist in einem Hindernis, jeweils mit einem Strafschlag entweder einen Ball (a) nochmals von der ursprünglichen Stelle oder (b) in beliebiger Entfernung auf der hinter dem Ball verlängerten Verbindungslinie Loch – Balllage fallen lassen oder (c) innerhalb zweier Schlägerlängen von der Balllage, nicht näher zum Loch spielen. Liegt Ihr Ball im Bunker und Sie erklären ihn für unspielbar, so dürfen Sie nach (a), (b) oder (c) verfahren. Allerdings müssen Sie bei (b) oder (c) Ihren Ball im Bunker fallen lassen. Ist Ihr Ball in einem Wasserhindernis, so können Sie den Ball nicht für unspielbar erklären, sondern müssen wie bei „Wasserhindernis" angegeben verfahren **R 28**.

Zwei der Optionen nach Regel 28.
1. = **R 28c**
2. = **R 28b**

Golf-ABC

Abschlag

Der Abschlag ist der Ort, an dem das zu spielende Loch beginnt (Regel 11 der Golfregeln). Im Sinne der Golfregeln gilt als Abschlag eine (fiktive) rechteckige Fläche, zwei Schlägerlängen tief, deren Vorder- und Seitenbegrenzungen durch die Außenseiten von zwei Abschlagsmarkierungen (in der Regel durch in den Boden gesteckte Kugeln oder ähnliches) bezeichnet werden. In diesem Bereich muss ein Spieler seinen ersten Schlag an einem Loch ausführen. Gleichzeitig wird auch das „Bauwerk“ (regelmäßig sind Abschläge leicht erhöht angelegt) als Abschlag bezeichnet. Letztlich wird auch der erste Schlag eines Spielers/einer Spielerin an einem Loch Abschlag genannt.

Albatros

Ein Ergebnis von drei Schlägen unter dem Par eines Loches.

Ansprechen

„Ansprechen“ des Balles heißt, dass der Spieler seine Standposition bezogen und den Schläger aufgesetzt hat (Ausnahme: Im Hindernis hat ein Spieler den Ball schon mit Beziehen der Standposition angesprochen).

As

(Engl.: Hole-in-One) Man trifft mit einem Schlag vom Abschlag ins Loch.

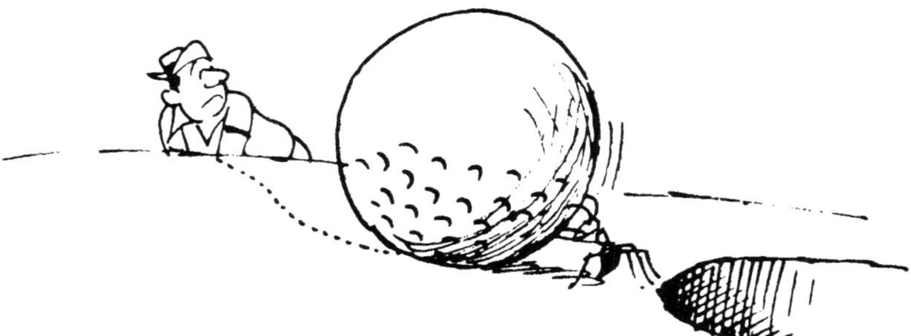

Backspin

Rückwärtsdrall des Balles, verursacht durch die Neigung der Schlagfläche des Schlägers und eine entsprechende Schwungtechnik. Der Backspin ermöglicht insbesondere bei Annäherungsschlägen an die Fahne ein genaues Spiel, da der Ball nach dem Auftreffen auf dem Grün kaum noch rollt.

Bag
Tasche zum Aufbewahren und Transport der Golfschläger und sonstigen Golfutensilien (Bälle, Tees, Handschuh, Regelbuch etc.).

Birdie
Man spielt einen Schlag unter Par, d. h. man benötigt z. B. für ein Par-4-Loch nur drei Schläge.

Bogey
Man spielt einen Schlag über Par.

Break
Schräge bzw. Gefälle auf dem Grün. Um den Ball auf dem Grün erfolgreich einzulochen, ist es überaus wichtig, den „Break zu lesen", d. h. einzuschätzen, welchen Weg der Ball wahrscheinlich nehmen wird.

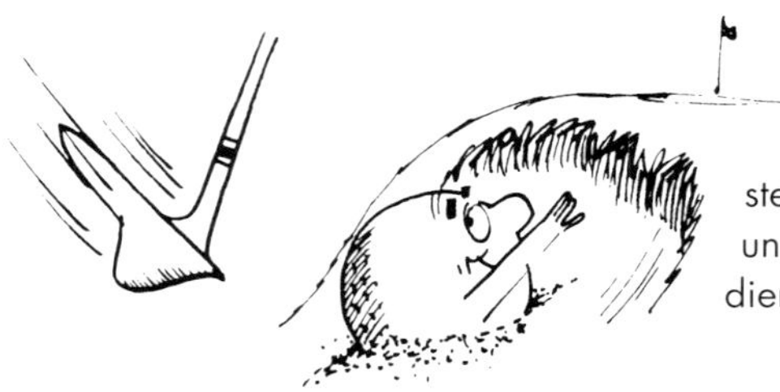

Bunker
Ein Bunker ist eine meist besonders hergerichtete, oft vertiefte Bodenstelle, wo Gras oder Erdreich entfernt und durch Sand ersetzt worden sind. Sie dient der Erschwerung des Spiels.

Caddie
Der Caddie trägt die Golftasche oder zieht den Golfwagen eines Spielers und darf ihn während der Runde beraten.

Chip
Der Chip ist ein flacher Annäherungsschlag an die Fahne aus der unmittelbaren Nähe des Grüns.

Club-Spielvorgabe
Die Club-Spielvorgabe drückt die Anzahl der Vorgabenschläge aus, die ein Spieler mit Clubvorgabe, der eine Runde Golf spielt, auf diesem Golfplatz erhält. Sie wird auf Grundlage der Clubvorgabe errechnet.

Clubvorgabe
Die Clubvorgabe ist ein Handicap im Bereich zwischen 37 und 54.

Course-Rating-Wert
Der Course-Rating-Wert ist das Maß des Schwierigkeitsgrades eines Golfplatzes, beurteilt für einen fiktiven Spieler mit Handicap 0 unter normalen Platz- und Wetterbedingungen. Ermittelt wird dieser Wert aus der effektiven Spiellänge des Platzes und anderen Erschwernisfaktoren.

Decisions
Die Decisions sind Entscheidungen der obersten Regelinstanzen (des Royal and Ancient Golf Club of St. Andrews und der United States Golf Association) zu den Golfregeln. Sie dienen der Auslegung und Klarstellung einzelner Regeln und liegen als Übersetzung in die deutsche Sprache unter dem Titel „DECISIONS – Entscheidungen zu den Golfregeln" vor.

DGV-Spielvorgabe
Die DGV-Spielvorgabe gibt die Anzahl an Vorgabenschlägen an, die ein Spieler, der eine DGV-Stammvorgabe hat (also Handicap –36,0 oder besser), für die Runde des zu spielenden Golfplatzes erhält.

DGV-Spielvorgabentabelle
Die DGV-Spielvorgabentabelle ist eine Tabelle, an der die DGV-Spielvorgabe bzw. Club-Spielvorgabe eines Spielers für die Golfrunde, die er zu spielen beabsichtigt, unter Zugrundelegung seiner DGV-Stammvorgabe oder Clubvorgabe abgelesen werden kann.

DGV-Stammvorgabe
Die DGV-Stammvorgabe ist das „eigentliche Handicap" eines Spielers (wenn seine Spielstärke schon besser als „Clubvorgabe" ist). Sie wird als Zahl mit einer Dezimalstelle hinter dem Komma dargestellt (z. B. –18,4). Die DGV-Stammvorgabe wird als Grundlage für die Errechnung der jeweiligen für die Runde zugrunde zu legenden DGV-Spielvorgabe benutzt. Sie verbessert sich, wenn ein Spieler Ergebnisse einreicht, die besser als seine DGV-Stammvorgabe sind (Unterspielung) bzw. verschlechtert sich, wenn ein Spieler Ergebnisse einreicht, bei denen er seine DGV-Stammvorgabe nicht erspielt hat (Überspielungen).

Dimples
Dimples sind Vertiefungen auf der Außenschale des Balles, die der Verbesserung der Flugeigenschaften des Balles dienen.

Divot
Als Divot bezeichnet man ein beim Schlag herausgeschlagenes Rasenstück. Als Spieler ist man gehalten, dieses wieder an die ursprüngliche Stelle zurückzulegen und festzutreten. Dies dient der Schonung des Platzes.

Dogleg
Als Dogleg bezeichnet man eine Spielbahn, die nicht gerade verläuft, sondern im Verlauf nach links oder rechts abknickt.

Doppel-Bogey
Ein Ergebnis von zwei Schlägen über dem Par eines Loches.

Draw
Beim Draw startet der Ball zunächst (leicht) nach rechts und fliegt dann in einem (leichten) Bogen nach links.

Drive
Der Drive ist der erste Schlag (Abschlag) auf einer Spielbahn.

Driver
Bezeichnung für einen bestimmten Schläger, das Holz 1, mit dem man die größte Schlaglänge erreicht.

Driving Range
Die Driving Range ist der Übungsplatz, auf dem Anfänger und Fortgeschrittene das Golfspiel erlernen bzw. verbessern.

Droppen
Weit verbreitete umgangssprachliche Bezeichnung für das Fallenlassen des Balls. Die Golfregeln sehen z. B. in vielen Fällen vor, dass ein Ball (mit oder ohne Strafschlag) aufgenommen und an einer anderen Stelle fallen gelassen werden darf, damit das Spiel seine Fortsetzung finden kann. Ein Ball, der nach den Regeln fallen zu lassen ist, muss vom Spieler selbst fallen gelassen werden. Der Spieler muss aufrecht stehen, mit ausgestrecktem Arm den Ball in Schulterhöhe halten und ihn fallen lassen (Regel 20-2).

Eagle
Ein Ergebnis von zwei Schlägen unter dem Par eines Loches.

Ehre
Der Bewerber, der als erster vom Abschlag abzuspielen berechtigt ist, hat die Ehre (Regel 10).

Eisen
„Eisen" stellen einen bestimmten Schlägertyp dar. Ursprünglich waren die Schlägerköpfe ausschließlich aus Metall gefertigt, heute findet man auch Eisen aus neueren Materialien, wie z. B. Titan (siehe auch: Hölzer).

Etikette
Zur Etikette, wie sie im Regelbuch geschrieben steht, gehören Verhaltensweisen zur Sicherheit und Rücksichtnahme sowie zum Vorrecht auf dem Golfplatz und zur Schonung des Golfplatzes. Unter Etikette i. w. S. wird darüber hinaus das allgemein sportlich-faire Verhalten auf dem Golfplatz verstanden.

Extra Day Score
Ein Extra Day Score ist ein Ergebnis, das zur Verbesserung oder Verschlechterung des Handicaps gewertet wird, obwohl es nicht in einem Wettspiel, sondern in einer Privatrunde (die bestimmten Anforderungen genügen muss) erzielt wurde.

Fade
Der Ball startet beim Schlag zunächst leicht nach links und dreht dann (leicht) nach rechts ab.

Fahne bedienen

Nach Regel 17-1 der Golfregeln darf der Spieler vor und während des Schlags den Flaggenstock bedienen, entfernen oder zum Anzeigen der Lage des Lochs hochhalten lassen. Beim „Bedienen" ermächtigt der Spieler eine andere Person, die, während der Spieler den Putt auf dem Grün ausführt, neben dem Loch und dem Flaggenstock steht und den Flaggenstock dann aus dem Loch nimmt, wenn sich der Ball nach dem Schlag in Bewegung gesetzt hat. Das „Bedienen" ist deshalb wichtig, weil der Spieler den unbedienten Flaggenstock im Loch nicht treffen darf, wenn sein Ball vom Grün aus gespielt worden war (Regel 17-3).

Fairway

Fairway ist die geschnittene Grasfläche zwischen Abschlag und Grün.

Flight

„Flight" bezeichnet eigentlich einen Teil eines Starterfeldes (z. B. die „oberen" 16 Teilnehmer eines k.o.-Lochspiels = 1. Flight). Dieser Begriff hat sich allerdings, obwohl nicht korrekt, umgangssprachlich für die Bezeichnung einer Spielergruppe (zwei bis vier Personen) auf dem Golfplatz eingebürgert.

Fore

„Fore" ist der allgemein bekannte Warnruf auf dem Golfplatz und bedeutet „Achtung!". Können andere Spieler durch einen geschlagenen Ball gefährdet sein: Unverzüglich laut „Fore!" rufen. Wer es hört: Unverzüglich Deckung suchen!

Grün

Das Grün (auch engl. Green genannt) ist die kurzgeschnittene und zum Putten besonders hergerichtete Grasfläche rund um das Loch.

Greenfee

Greenfee nennt man die Benutzungsgebühr für einen Golfplatz, die von Spielern zu zahlen ist, die einen Golfplatz als Gäste bespielen.

Handicap

Handicap heißt zu deutsch „Vorgabe". In Deutschland werden zwei Gruppen von Handicaps unterschieden: DGV-Stammvorgaben (bis –36,0) und Clubvorgaben (von –37 bis –54). Das Handicap spiegelt die (ungefähre) Spielfähigkeit eines Spielers wider und verbessert bzw. verschlechtert sich auf Grundlage der vom Spieler in Wettspielen bzw. Privatrunden gespielten Ergebnisse. Die dazugehörigen Regularien hat der Deutsche Golf Verband e. V. im „DGV-Vorgabensystem" zusammengefasst.

Hole-in-One
As. Man trifft mit einem Schlag vom Abschlag ins Loch.

Hölzer
„Hölzer" stellen einen bestimmten Schlägertyp dar. Ursprünglich waren die Schlägerköpfe dieser Schläger aus Holz gefertigt. Heute sind auch hier Metallköpfe oder andere moderne Materialien die Regel. Hölzer eignen sich insbesondere für lange Schläge.

Hook
Der Ball startet geradeaus und dreht dann stark nach links ab.

Kanonenstart
Der Begriff „Kanonenstart" hat sich eingebürgert, wenn bei einem Wettspiel alle Teilnehmer zur gleichen Startzeit abschlagen und dazu, soweit nötig, auf alle Spielbahnen eines Platzes verteilt werden. Der gleichzeitige Start erfolgt entweder nach Uhrzeit oder aufgrund eines allgemein wahrzunehmenden Signals („Kanone").

Lady
Scherzhafte Bezeichnung für einen Schlag vom Herrenabschlag, der nicht einmal die Entfernung bis zum Damenabschlag überwunden hat. Vielerorts wird vom Spieler, dem dieses Missgeschick widerfahren ist „erwartet", eine Runde auszugeben.

Lie
Der Winkel zwischen Schlägerschaft und Boden.

Loch
Als Loch bezeichnet man sowohl das 10,8 cm große Loch auf dem Grün einer Spielbahn als auch umgangssprachlich die gesamte Spielbahn selbst.

Lochspiel
Im Lochspiel wird lochweise gespielt. Es gewinnt diejenige Partei ein Loch, die mit weniger Schlägen ihren Ball einlocht. Ein ganzes Lochspiel gewinnt die Partei, die mit mehr Löchern führt als noch zu spielen sind (siehe Regel 2 der Golfregeln).

Loft
Die Neigung der Schlagfläche des Schlägerkopfes. Je geringer der Loft, desto flacher (und weiter) fliegt der Ball.

Mulligan
Nach dem Ideengeber, einem Golfer namens Mulligan, benannter – regelwidriger – zweiter Abschlag, für den Fall, dass der erste Abschlag misslungen sein sollte.

Netto
Zieht man von der Brutto-Schlagzahl seine Spielvorgabe (Handicap) ab, erhält man im Einzel-Zählspiel sein Nettoergebnis, das im Verhältnis zum Par gewertet wird. Im Zählspiel nach Stableford wird das Netto-Ergebnis durch Netto-Stableford-Punkte ausgedrückt.

Par
Das Par bezeichnet die Schlagzahl, mit der ein Loch absolviert werden soll. Die Summe aller Pars ergibt das Par des Platzes.

Pitch
Der Pitch ist ein steiler Annäherungsschlag auf das Grün, bei dem der Ball nach dem Auftreffen möglichst unmittelbar liegen bleiben soll (siehe auch Backspin).

Pitchmarke
Kleine Vertiefung, die der Ball hinterlässt, wenn er bei einem hohen Schlag auf das Grün auftrifft. Sie sollte stets vom Spieler entfernt werden. Zum Anheben des Rasens gibt es eine spezielle Pitchgabel.

Pull
Ein Ball mit gerader Flugbahn geschlagen, der links von der Ziellinie verläuft.

Push
Das Gegenteil von Pull. Ball mit gerader Flugbahn, die rechts von der Ziellinie verläuft.

Putt
Schlag mit dem Putter auf dem Grün Richtung Loch.

Putter
Speziell für die Schläge auf dem Grün konstruierter Schläger.

Putting Green
Das Putting Green ist ein Übungsgrün mit mehreren Löchern, das zum Training des Puttens dient.

Rangefee
Die Gebühr, die man als Gast in einem Golfverein für die Benutzung der Übungsanlagen (Driving Range) regelmäßig entrichten muss. Driving-Range-Bälle müssen meistens zusätzlich bezahlt werden.

Rough
Gelände außerhalb der gemähten Spielbahn; meist hohes Gras, Büsche und Bäume.

Score
Der „Score" bezeichnet das Ergebnis nach einer Golfrunde. Beim Einzel-Zählspiel wird der Score in Schlägen ausgedrückt, beim Zählspiel nach Stableford in Punkten, beim Spiel gegen Par in gewonnenen oder verlorenen Löchern gegenüber dem Par des Platzes (– oder +).

Scorekarte
Umgangssprachlich häufig gebraucht für Zählkarte (siehe dort).

Slice
Der Ball startet zunächst geradeaus und beschreibt dann eine (starke) bogenförmige Flugbahn nach rechts.

Slope-Wert
Der Slope-Wert ist das Maß des relativen Schwierigkeitsgrades eines Platzes für Bogey-Golfer (also Spieler, die ca. Handicap 20 haben). Jeder Golfplatz hat neben den Course-Rating-Werten vom Deutschen Golf Verband e. V. auch Slope-Werte zugeteilt bekommen, die im Wesentlichen dafür sorgen, dass sich das Handicap eines Spielers an die Platzschwierigkeit anpasst (je schwerer der Platz, desto höher das Handicap).

Strafschlag
Für den Verstoß gegen eine Golfregel sehen die Golfregeln im Zählspiel regelmäßig und im Lochspiel mitunter einen oder mehrere Strafschläge vor. Daneben eröffnen die Golfregeln bestimmte (dem Spieler hilfreiche) Handlungsweisen, die allerdings mit einem Strafschlag verbunden sein können.

Sweet Spot
Als Sweet Spot bezeichnet man die optimale Treffzone auf dem Schlägerblatt, bei der sich die größte Schlagkraft auf den Ball überträgt.

Tee
Als Tee bezeichnet man zum einen den Abschlagsbereich eines Loches (siehe auch: Abschlag), zum anderen den Holz- oder Plastikstift, auf den man den Ball beim ersten Schlag an einem Loch aufsetzen darf.

5 O'CLOCK-TEE (NUR FÜR SNOBS)

Tiger and Rabbit
Umgangssprachliche Bezeichnung für ein Wettspiel, bei dem fortgeschrittene Spieler und Anfänger zusammen spielen, damit die Golfneulinge Wettspielerfahrung erlangen können.

PRO / AM

Trolley
Umgangssprachlicher Ausdruck für den Caddiewagen, mit dem man seine Golftasche (Bag) transportieren kann.

Vorgabe
Siehe Handicap.

Zählkarte
Umgangssprachlich auch Scorekarte genannt. Die Zählkarte dient im Zählspiel gem. Regel 6-6 der Golfregeln dem Aufschreiben der Schlagzahlen. Bei Abschluss einer Runde muss der Zähler die Zählkarte unterschreiben und sie dem Bewerber aushändigen. Der Bewerber sollte nach Abschluss der Runde die Schlagzahl für jedes Loch nachprüfen, die Unterschrift des Zählers sicherstellen, die Zählkarte gegenzeichnen und sie sobald wie möglich der Spielleitung einreichen. Der Bewerber ist dafür verantwortlich, dass die für jedes Loch auf seiner Zählkarte aufgeschriebene Schlagzahl richtig ist.

Zählspiel
Gewinner im Zählspiel ist derjenige Bewerber, der für die festgesetzte Runde (meist 18 Löcher) die wenigsten Schläge benötigt (Regel 3 der Golfregeln).

Wissenswertes rund um die Vorgabe (das Handicap)

Was ist eine Vorgabe (ein Handicap)?

Golf zeichnet sich gegenüber anderen Sportarten dadurch aus, dass sich Anfänger und fortgeschrittene Spieler direkt miteinander messen können. Dies ermöglicht das gegenüber allen anderen Sportarten einmalige Vorgabensystem.

Die Vorgabe (das Handicap) eines Spielers/einer Spielerin drückt dessen/deren Spielstärke aus. Beispiel: Auf einem Golfplatz mit 18 Löchern, von dem man annimmt, dass ein herausragender Spieler ihn mit 72 Schlägen bewältigt, benötigen Sie 126 Schläge. Ihre Spielstärke liegt also 54 Schläge über dem „Soll", das für den Golfplatz festgesetzt ist. Mit diesen 126 gespielten Schlägen (man nennt sie auch Brutto-Schläge) haben Sie im Wettstreit mit dem fortgeschrittenen Spieler natürlich keine Siegchance. Ist ein herausragender Spieler z. B. 52 Schläge besser, hat er also nur 74 Schläge benötigt.

Nun hat Sie aber Ihr Heimatverein, nachdem Sie die Platzreife erhalten haben, mit einer Vorgabe von z. B. –54 ausgestattet (wie das im Einzelnen geht, erklären wir unten). Das ist nun Ihr Handicap. In Ihrem Wettstreit mit dem fortgeschrittenen Golfer dürfen Sie diese Vorgabe von den von Ihnen erzielten Schlägen abziehen. Also: 126 – 54 = 72. Die 72 stellt Ihr sog. Netto-Ergebnis dar. Denn wir hatten ja bereits oben festgestellt, dass Ihr Brutto-Ergebnis (also die tatsächlich gespielten Schläge) bei 126 lag.

Nehmen wir nun einmal an, der fortgeschrittene Spieler hätte ein Handicap –2 und 74 (Brutto-) Schläge gespielt. Er darf nur zwei Schläge von seinem Bruttoergebnis abziehen. In der Netto-Wertung lägen Sie also beide gleich: 72! Das ist das ganze Geheimnis.

Nun können Sie sich sicher vorstellen, dass sportlich ambitionierte Golfspieler der Netto-Wertung nicht unbedingt die größte Beachtung schenken, denn dort bekommt ja selbst der Anfänger noch die Möglichkeit, dem fortgeschrittenen Golfer ein Schnippchen zu schlagen. Für die guten Golfer hat daher in der Regel die Brutto-Wertung die eigentliche Bedeutung. In unserem Beispiel war der gute Spieler effektiv („brutto") ja 52 Schläge besser als Sie. Für Sie als Golfeinsteiger allerdings eröffnet sich die große Chance, auch den „Beinahe-Profi" einmal „im Netto" (also nach Abzug Ihres Handicaps vom Spielergebnis) zu besiegen.

Die wichtigsten Grundlagen im Einzelnen

Nach den Regularien des Deutschen Golf Verbandes e. V. maßgebend ist das so genannte DGV-Vorgabensystem (DGV-VS). Danach erhält ein Spieler, der die Platzreife erlangt hat, automatisch, ohne dass er ein Spielergebnis einreichen muss, die so genannte Clubvorgabe –54. Diese ist also das erste Handicap eines Golfeinsteigers. Anders, als wir es oben kennengelernt haben, ist es noch kein Nachweis einer bestimmten Spielstärke, denn: Selbst wenn Sie noch viel mehr Schläge benötigen als 54 Schläge über der für den Golfplatz festgesetzten Schlagzahl, werden Sie dennoch bei der Clubvorgabe –54 eingestuft. Mit diesem ersten Handicap können Sie sich nun mit anderen Golfspielern im sportlichen Wettstreit messen.

Wie geht's jetzt weiter?

Nachdem Sie mit Clubvorgabe –54 eingestuft wurden, haben Sie nun die Möglichkeit, in vorgabenwirksamen Wettspielen bzw. im Rahmen von vorgabenwirksamen Privatrunden (EDS) Ihr Handicap zu verbessern. Prinzipiell könnte das so erfolgen: Erzielen Sie in einem Wettspiel oder auf einer Privatrunde ein Ergebnis, das nur 53 Schläge über der für den Golfplatz festgesetzten Schlagzahl („Course-Rating-Wert") liegt und reichen Sie dieses Ergebnis dem Vorgabenausschuss Ihres Heimatvereins ein, so erhalten Sie als neues Handicap die Clubvorgabe –53. In Golferkreisen würde man sagen: „Ich habe mich heute um einen Schlag unterspielt." (Nämlich von –54 auf –53.) Und so geht es (hoffentlich) immer weiter runter. Allerdings wird, anders als eben zum besseren Grundverständnis dargestellt, bei Ihren vorgabenwirksamen Spielergebnissen gar nicht Ihre Schlagzahl betrachtet. Bisher war zwar stets von „Schlägen" die Rede: Je weniger Schläge ich mache, desto besser wird mein Handicap. Dies ist prinzipiell auch richtig. Ausschließlich nach der Anzahl der Schläge wird z. B. im so genannten „Einzel-Zählspiel" gerechnet. Dies ist eine von verschiedenen Spielformen im Golfsport. Daneben gibt es jedoch eine weitere Zählspiel-Spielform, die sich „Stableford" nennt. Hier wird nicht mit Schlägen, sondern mit Punkten gerechnet. Eine weitere Spielform nennt sich „gegen Par". Was es mit diesen Spielformen im Einzelnen auf sich hat, wollen wir hier nicht erläutern. Blättern Sie dazu bitte in der Rubrik „Spielformen" nach. Hier nur eins vorab: Wenn Sie in einem Wettspiel z. B. ein „Einzel-Zählspiel" spielen, so sind für die Frage, ob Sie mit einem Preis nach Hause gehen können, tatsächlich die von Ihnen erspielten Schläge maßgeblich. Der Spieler mit den wenigsten Schlägen gewinnt den Preis. Allerdings:

Unabhängig davon, welche der Spielformen für das Wettspiel oder für Ihre Privatrunde gewählt wurde, hat der Deutsche Golf Verband e. V. festgelegt, dass für Vorgabenzwecke (also Handicap-Fragen) ausnahmslos alle Ergebnisse stets nach „Stableford" in „Stableford-Nettopunkte" umgerechnet werden. Wie gesagt: Wie „Stableford" funktioniert, finden Sie weiter hinten. Glauben Sie hier einfach Folgendes: Regelmäßig gilt, dass ein Spieler, der 36 Stableford-Nettopunkte erzielt hat, genau sein Handicap gespielt hat. Wer mehr Punkte hat, hat sich verbessert. Nehmen wir also an, Sie hätten 40 Stableford-Nettopunkte erspielt. Dann waren Sie also vier Punkte besser, als Sie nach Ihrem Handicap hätten sein müssen. Also wird sich Ihr Handicap nach Einreichen dieses guten Spielergebnisses verbessern. Dafür wird folgende Tabelle zugrunde gelegt:

DGV-Vorgabenklasse	DGV-Stammvorgabe/ Clubvorgabe	Herabsetzung pro Punkt oberhalb 36 SNP:
1	bis 4,4	0,1
2	4,5 bis 11,4	0,2
3	11,5 bis 18,4	0,3
4	18,5 bis 26,4	0,4
5	26,5 bis 36,0	0,5
6 (Clubvorgaben)	37 bis 54	1,0

Schauen wir einmal in die vorstehende Tabelle. Wenn Sie z. B. mit Clubvorgabe –54 zu Ihrer guten Runde angetreten sind, befinden Sie sich in der DGV-Vorgabenklasse 6. Die Unterspielung Ihrer Vorgabe um vier Punkte wird dort, wie in der Tabelle abzulesen, mit den gesamten vier Punkten berücksichtigt, denn der Herabsetzungsmultiplikand ist 1,0. Ihre neue Clubvorgabe wäre daher –50. Beim nächsten Wettspiel oder der nächsten Privatrunde treten Sie mit Ihrer neuen Clubvorgabe –50 an. Hätten Sie schon eine DGV-Stammvorgabe von –36,0 gehabt, wären Sie ein Spieler der DGV-Vorgabenklasse 5 gewesen. Wie Sie in der Tabelle ablesen können, werden Unterspielungen dort pro Punkt nur mit 0,5 anerkannt. Es würden dort also nicht Ihre gesamten vier Punkte berücksichtigt, sondern nur die Hälfte davon. 4 x 0,5 ergibt 2. Ihr Handicap von –36,0 würde also vom Vorgabenausschuss Ihres Heimatvereins nach dieser Runde auf Handicap –34,0 gesetzt. Erzielen Sie in späteren vorgabenwirksamen Wettspielen oder vorgabenwirksamen Privatrunden wiederum mehr als 36 Stableford-Nettopunkte, ermäßigt sich Ihre Vorgabe jeweils entsprechend. Rutschen Sie dann in eine niedrigere DGV-Vorgabenklasse, geht es immer langsamer voran, wie Sie der obigen Tabelle entnehmen können.

Was passiert, wenn Sie einmal einen schlechten Tag erwischt haben? Natürlich geht es dann auch wieder aufwärts. Maximal bis DGV-Stammvorgabe –36,0. Im Bereich der Clubvorgaben (–37 bis –54) können Sie sich nicht verschlechtern. Ansonsten gilt: Für jede Runde, bei der Sie Ihr Handicap nicht erspielen, setzt man Sie um 0,1 herauf. Haben Sie sich, wie in unserem Beispiel, also auf DGV-Stammvorgabe –34,0 heruntergespielt und spielen danach z. B. drei Wettspielrunden mit viel Pech und unglücklichen Schlägen, müssen Sie nach jeder Runde mit einer höheren Vorgabe, letztlich mit –34,3, vorlieb nehmen. Allerdings billigt der Deutsche Golf Verband e. V. einem Spieler, der in einem vorgabenwirksamen Wettspiel oder einer vorgabenwirksamen Privatrunde die von ihm erwarteten 36 Stableford-Nettopunkte ganz knapp verfehlt, einen Schonbereich zu. Spielt der Spieler ein Ergebnis, bei dem die Stableford-Nettopunkte innerhalb dieses Schonbereichs, der als „Pufferzone" bezeichnet wird, liegt, wird das Handicap nicht heraufgesetzt, so dass das aktuelle Handicap unverändert bleibt. Die Pufferzonen sind, nach Vorgabenklassen, wie folgt eingeteilt:

DGV-Vorgabenklasse	**Pufferzone (18 Löcher)**	**(9 Löcher)**
	Stableford-Nettopunkte	
1	34 – 36	
2	34 – 36	
3	33 – 36	
4	32 – 36	
5	31 – 36	34 – 36

In der DGV-Vorgabenklasse 6 gibt es keine Pufferzone. Dies ist auch nicht nötig, da dort, selbst wenn man einen schlechten Tag erwischt hat, Clubvorgaben eben von vornherein nicht wieder heraufgesetzt werden.

Wünschen Sie ein Beispiel zum Thema „Pufferzone"? Bitte: Sie spielen mit Ihrem Handicap –32 in einem Wettspiel nur 31 Stableford-Nettopunkte. Um genau Ihrer Spielstärke entsprechend gespielt zu haben, hätten Sie eigentlich, wie bereits ausgeführt, 36 Stableford-Nettopunkte erzielen müssen. Da Sie allerdings ein Handicap der DGV-Vorgabenklasse 5 haben, befindet sich Ihr Ergebnis von 31 Stableford-Nettopunkten in der „Pufferzone" und an Ihrem Handicap ändert sich nichts.

Übrigens: Sehr gute Amateurspieler haben ein Handicap im „Plusbereich". So gibt es in Deutschland einige Spitzenamateure mit einem Handicap von +4. Dies bedeutet, diese Spieler dürfen sich von Ihrem Bruttoergebnis die Vorgabe nicht abziehen, sondern müssen sie sich noch hinzuaddieren!

Wie ermittelt sich das Handicap für die Golfrunde?

Wenn Sie die vorherigen Abschnitte aufmerksam gelesen haben, dann wissen Sie bereits, dass sich immer dann, wenn Sie mehr als 36 Stableford-Nettopunkte in einem vorgabenwirksamen Wettspiel oder einer vorgabenwirksamen Privatrunde erzielen, sich Ihr Handicap verbessert. Spielen Sie schlechter als Ihre „Pufferzone", verschlechtert sich Ihre Vorgabe mit jedem Mal um +0,1 (allerdings nicht im Bereich der Clubvorgaben von –37 bis –54).

Wenn wir bisher von „Ihrem Handicap" gesprochen haben, dann war damit stets die Clubvorgabe (also ein Handicap zwischen –37 und –54) oder die „DGV-Stammvorgabe" (also ein Handicap von weniger als –36,0). gemeint. Dieses Handicap erscheint z. B. auch auf Ihrem Mitgliedsausweis (jedenfalls in der Höhe, in der es zum Zeitpunkt der Produktion des Ausweises bestand). Wenn Sie sich die Zahlen anschauen, dann können Sie bereits erkennen, dass im Bereich der DGV-Stammvorgaben (also von –36,0 abwärts) mit Dezimalstellen gerechnet wird. Im Bereich der Clubvorgaben jedoch nicht. Dies liegt natürlich schlicht daran, dass Herabsetzungen im Bereich der Clubvorgaben immer um volle Punkte erfolgen (siehe Tabelle S. 34), wohingegen in den DGV-Vorgabenklassen 1 bis 5 bei Verbesserungen des Handicaps nur Bruchteile anerkannt werden, wodurch Dezimalstellen notwendig werden.

Wenn Sie Ihr Handicap verbessern oder verschlechtern (Letzteres ist im Bereich der Clubvorgaben nicht möglich), dann ist es also stets diese DGV-Stammvorgabe bzw. Clubvorgabe, die sich verbessert oder verschlechtert. Wir müssen Ihnen aber noch einen weiteren Begriff zumuten: nämlich den der „DGV-Spielvorgabe" bzw. „Club-Spielvorgabe". Damit hat es Folgendes auf sich: Natürlich gibt es leichte und schwere Golfplätze. Haben Sie z. B. Clubvorgabe –45 auf einem relativ leichten Golfplatz erspielt, so würden Sie dieses Handicap auf einem schweren Golfplatz kaum bestätigen können, da Sie dieser Golfplatz, gemessen an Ihrem Handicap, vor „unüberwindbare" Schwierigkeiten stellen würde. Anders herum: Hätte ein Spieler sein Handicap auf einem sehr schweren Platz erspielt, würde er dieses Handicap auf einem sehr leichten Golfplatz weit unterspielen (also verbessern) und alle anderen Spieler wären chancenlos. Deshalb unterscheidet man zwischen DGV-Stammvorgabe und DGV-Spielvorgabe sowie Clubvorgabe und Club-Spielvorgabe. Die DGV-Stammvorgabe bzw. die Clubvorgabe ist das „eigentliche Handicap", wie es in Ihrem Vorgabenstammblatt (Aufzeichnung über Ihre Handicap-Entwicklung) verzeichnet ist und wie es in der EDV Ihres Vereins geführt wird. Entscheiden Sie sich aber, von bestimmten Abschlägen auf einem Golfplatz nun Golf zu spielen, wird Ihre DGV-Stamm-

vorgabe bzw. Clubvorgabe an die Schwierigkeit des von Ihnen zum Spiel ausgewählten Golfplatzes angepasst. Je schwerer der von Ihnen zum Spiel ausgewählte Golfplatz, desto höher Ihr Handicap.
Beispiel: Ein Spieler hat DGV-Stammvorgabe –26,8 oder Clubvorgabe –45. Entscheidet er sich nun, eine Golfrunde z. B. von den gelb markierten Abschlägen eines Golfplatzes zu spielen, so passt er sein Handicap an die Schwierigkeit des Golfplatzes von den gelb markierten Abschlägen an. Er könnte dann, wenn der Golfplatz vom Deutschen Golf Verband e. V. als schwer bewertet wurde, nach Umrechnung seiner DGV-Stammvorgabe vielleicht mit einer DGV-Spielvorgabe von 29 spielen. Hätte er Clubvorgabe –45, so könnte seine Club-Spielvorgabe auf einem schweren Platz vielleicht –52 betragen.

Woher weiß man nun, in welcher Höhe die eigene DGV-Stammvorgabe oder Clubvorgabe an die jeweilige Schwierigkeit des ausgewählten Platzes angepasst wird? Dem liegt natürlich eine Formel zugrunde. Mit der muss sich aber kein Golfspieler näher befassen. Denn: In jedem Mitgliedsverein des Deutschen Golf Verbandes sind so genannte „Spielvorgabentabellen" ausgehängt. Dort kann man innerhalb von Sekunden ablesen, wie sich das Handicap (also die DGV-Stammvorgabe oder Clubvorgabe) an die Platzschwierigkeit anpasst. Denn direkt neben Ihrer DGV-Stammvorgabe bzw. Clubvorgabe finden Sie dort die jeweilige DGV-Spielvorgabe bzw. Clubspielvorgabe, mit der Sie dann „auf die Runde gehen" (siehe dazu das Beispiel auf der nächsten Seite).

Zur Vertiefung ein kleiner Exkurs: Maßgebend für die Anpassung Ihres Handicaps an die Platzschwierigkeit sind sog. „Course-Rating-Werte" bzw. „Slope-Werte". Diese Werte hat der Deutsche Golf Verband e. V. zur Einstufung aller Plätze seiner Mitgliedsvereine in einem aufwendigen Bewertungsverfahren ermittelt. Während der CR-Wert die Schlagzahl widerspiegelt, die man von einem Spieler mit Handicap 0 unter Idealbedingungen auf diesem Golfplatz erwartet, sorgt der Slope-Wert im Wesentlichen dafür, dass sich Handicaps den jeweiligen Platzgegebenheiten anpassen.

DGV-Spielvorgabentabelle (Beispiel)

Golfclub Fairwaystadt e. V.							
DGV-Spielvorgabe							
Herren Hintere Abschläge		Herren Mittlere Abschläge		Damen Hintere Abschläge		Damen Mittlere Abschläge	
CR = 72,7 SR = 130	Par = 70	CR = 70,3 SR = 120	Par = 70	CR = 72,0 SR = 129	Par = 70	CR = 70,4 SR = 126	Par = 70
DGV-Stamm-vorgabe	DGV-Spiel-vorgabe	DGV-Stamm-vorgabe	DGV-Spiel-vorgabe	DGV-Stamm-vorgabe	DGV-Spiel-vorgabe	DGV-Stamm-vorgabe	DGV-Spiel-vorgabe
+6,2 - +5,4	+4	+4,5 - +3,6	+4	+4,8 - +4,0	+3	+3,4 - +2,7	+3
+5,3 - +4,6	+3	+3,5 - +2,7	+3	+3,9 - +3,1	+2	+2,6 - +1,8	+2
+4,5 - +3,7	+2	+2,6 - +1,7	+2	+3,0 - +2,2	+1	+1,7 - +0,9	+1
+3,6 - +2,8	+1	+1,6 - +0,8	+1	+2,1 - +1,4	0	+0,8 - +0,0	0
+2,7 - +2,0	0	+0,7 - 0,1	0	+1,3 - +0,5	1	0,1 - 0,9	1
+1,9 - +1,1	1	0,2 - 1,1	1	+0,4 - +0,4	2	1,0 - 1,8	2
+1,0 - +0,2	2	1,2 - 2.0	2	0,5 - 1,3	3	1,9 - 2,7	3
+0,1 - 0,6	3	2,1 - 3,0	3	1,4 - 2,1	4	2,8 - 3,6	4
0,7 - 1,5	4	3,1 - 3,9	4	2,2 - 3,0	5	3,7 - 4,5	5
1,6 - 2,4	5	4,0 - 4,8	5	3,1 - 3,9	6	4,6 - 5,4	6
2,5 - 3,3	6	4,9 - 5,8	6	4,0 - 4,8	7	5,5 - 6,3	7
3,4 - 4,1	7	5,9 - 6,7	7	4,9 - 5,6	8	6,4 - 7,2	8
4,2 - 5,0	8	6,8 - 7,7	8	5,7 - 6,5	9	7,3 - 8,1	9
5,1 - 5,9	9	7,8 - 8,6	9	6,6 - 7,4	10	8,2 - 9,0	10
6,0 - 6,7	10	8,7 - 9,6	10	7,5 - 8,3	11	9,1 - 9,9	11
6,8 - 7,6	11	9,7 - 10,5	11	8,4 - 9,1	12	10,0 - 10,8	12
7,7 - 8,5	12	10,6 - 11,4	12	9,2 - 10,0	13	10,9 - 11,7	13
8,6 - 9,3	13	11,5 - 12,4	13	10,1 - 10,9	14	11,8 - 12,6	14
9,4 - 10,2	14	12,5 - 13,3	14	11,0 - 11,8	15	12,7 - 13,5	15
10,3 - 11,1	15	13,4 - 14,3	15	11,9 - 12,7	16	13,6 - 14,4	16
11,2 - 11,9	16	14,4 - 15,2	16	12,8 - 13,5	17	14,5 - 15,3	17
12,0 - 12,8	17	15,3 - 16,1	17	13,6 - 14,4	18	15,4 - 16,2	18
12,9 - 13,7	18	16,2 - 17,1	18	14,5 - 15,3	19	16,3 - 17,1	19
13,8 - 14,6	19	17,2 - 18,0	19	15,4 - 16,2	20	17,2 - 18,0	20
14,7 - 15,4	20	18,1 - 19,0	20	16,3 - 17,0	21	18,1 - 18,9	21
15,5 - 16,3	21	19,1 - 19,9	21	17,1 - 17,9	22	19,0 - 19,8	22
16,4 - 17,2	22	20,0 - 20,9	22	18,0 - 18,8	23	19,9 - 20,7	23
17,3 - 18,0	23	21,0 - 21,8	23	18,9 - 19,7	24	20,8 - 21,6	24
18,1 - 18,9	24	21,9 - 22,7	24	19,8 - 20,5	25	21,7 - 22,5	25
19,0 - 19,8	25	22,8 - 23,7	25	20,6 - 21,4	26	22,6 - 23,4	26
19,9 - 20,6	26	23,8 - 24,6	26	21,5 - 22,3	27	23,5 - 24,3	27
20,7 - 21,5	27	24,7 - 25,6	27	22,4 - 23,2	28	24,4 - 25,2	28
21,6 - 22,4	28	25,7 - 26,5	28	23,3 - 24,0	29	25,3 - 26,0	29
22,5 - 23,2	29	26,6 - 27,4	29	24,1 - 24,9	30	26,1 - 26,9	30
23,3 - 24,1	30	27,5 - 28,4	30	25,0 - 25,8	31	27,0 - 27,8	31
24,2 - 25,0	31	28,5 - 29,3	31	25,9 - 26,7	32	27,9 - 28,7	32
25,1 - 25,9	32	29,4 - 30,3	32	26,8 - 27,5	33	28,8 - 29,6	33
26,0 - 26,7	33	30,4 - 31,2	33	27,6 - 28,4	34	29,7 - 30,5	34
26,8 - 27,6	34	31,3 - 32,2	34	28,5 - 29,3	35	30,6 - 31,4	35
27,7 - 28,5	35	32,3 - 33,1	35	29,4 - 30,2	36	31,5 - 32,3	36
28,6 - 29,3	36	33,2 - 34,0	36	30,3 - 31,0	37	32,4 - 33,2	37
29,4 - 30,2	37	34,1 - 35,0	37	31,1 - 31,9	38	33,3 - 34,1	38
30,3 - 31,1	38	35,1 - 35,9	38	32,0 - 32,8	39	34,2 - 35,0	39
31,2 - 31,9	39	36,0 - 36,0	39	32,9 - 33,7	40	35,1 - 35,9	40
32,0 - 32,8	40	Clubvorgabe	+ 3	33,8 - 34,6	41	36,0 - 36,0	41
32,9 - 33,7	41			34,7 - 35,4	42	Clubvorgabe	+ 5
33,8 - 34,5	42			35,5 - 36,0	43		
34,6 - 35,4	43			Clubvorgabe	+ 7		
35,5 - 36,0	44						
Clubvorgabe	+ 8						

Hinweis: Alle Clubvorgaben werden mit einem einheitlichen Wert pro Abschlag angepasst (sog. Clubvorgabenanpassung). Sie finden diesen jeweils unten in der Tabelle. Der jeweilige Wert entspricht der Differenz zwischen DGV-Stammvorgabe 36,0 und der für diese gültigen DGV-Spielvorgabe des jeweiligen Abschlags.

Welche Golfrunden sind vorgabenwirksam?

Nicht jede Golfrunde, die ein Spieler spielt, zählt auch zur Verbesserung bzw. Verschlechterung seines Handicaps. Die DGV-Stammvorgabe bzw. Clubvorgabe kann man nur in so genannten vorgabenwirksamen Wettspielen bzw. vorgabenwirksamen Privatrunden verbessern.
Üblicherweise geht ein Wettspiel über 18 Löcher. Spieler der Vorgabenklassen 5 und 6 (also –26,5 bis –54) können jedoch auch in Wettspielen über neun Löcher ihre Vorgabe verbessern, wenn dieses Wettspiel als vorgabenwirksam ausgeschrieben war. 18 Stableford-Nettopunkte gelten dann nach neun Löchern als Bestätigung der Vorgabe, mit 19 Punkten hat ein Spieler um einen Schlag unterspielt. Damit die Software des Golfclubs das Ergebnis „versteht", werden die zweiten neun Löcher neutralisiert mit weiteren 18 Punkten dazuaddiert.
Wenn Sie zu einem Wettspiel melden und Ihre Vorgabe verbessern möchten, achten Sie also darauf, dass in der Ausschreibung des Wettspiels auch auf die Vorgabenwirksamkeit hingewiesen wird.
Auch bei Privatrunden gibt es Einschränkungen. Vorgabenwirksam sind nämlich nur solche Privatrunden, die die DGV-Regularien als „Extra Day Scores" (EDS) bezeichnen. Damit ein solcher Extra Day Score vorgabenwirksam sein kann, muss man die Privatrunde vor Antritt im Sekretariat des Vereins vor Ort registrieren lassen. Zudem muss der Zähler (der die Schlagzahlen aufschreibt) eine DGV-Stammvorgabe von –36,0 oder besser haben. Extra Day Scores können zudem nur auf dem Platz des Heimatvereins erspielt werden (für Mitglieder der VcG gilt: Es werden während eines Jahres nur Ergebnisse berücksichtigt, die auf dem Platz erzielt wurden, von dem der erste Extra Day Score des jeweiligen Jahres eingereicht wurde). In den DGV-Vorgabenklassen 6 und 5 ist ein Spieler berechtigt, beliebig viele Extra Day Scores an seinen Vorgabenausschuss einzureichen. Hat man sich jedoch in die DGV-Vorgabenklasse 3 oder 4 hineingespielt, werden nur noch so viele Extra Day Scores anerkannt, wie im gleichen Kalenderjahr bereits vorgabenwirksame Wettspiele gespielt wurden.
Beispiel:
Hat ein Spieler mit einem Handicap in der DGV-Vorgabenklasse 4 in einem Kalenderjahr bereits drei vorgabenwirksame Wettspiele eingereicht, so kann er nun maximal drei EDS-Runden einreichen. Danach müsste er zunächst wieder ein vorgabenwirksames Wettspiel spielen, um im Anschluss eine EDS-Runde zu spielen.
Übrigens: Gibt ein Spieler, der sich für eine EDS-Runde hat registrieren lassen, später die Zählkarte nicht ab (z. B. weil er die Runde wegen schlechten Spiels abgebrochen hat), so wird seine DGV-Stammvorgabe um +0,1 heraufgesetzt.
Einzelheiten zur Vorgabenberechnung können dem DGV-Vorgabensystem entnommen werden. Dies findet sich in der Publikation „Vorgaben- und Spielbestimmungen" der Albrecht Golf Verlag GmbH, Gräfelfing, Tel. (0 89) 85 85 35 31, ISBN 3-87014-189-1, € 17,50.

Das Vorgabenstammblatt

Der Vorgabenausschuss eines Vereins führt für seine spielberechtigten Mitglieder die DGV-Vorgabe und erstellt dazu ein Vorgabenstammblatt für jedes dieser Mitglieder nach dem DGV-Vorgabensystem (DGV-VS). In diesem Vorgabenstammblatt sind alle erzielten vorgabenwirksamen Ergebnisse des Spielers zu erfassen. Das Vorgabenstammblatt dient dem Nachweis der aktuellen Vorgabe (des Handicaps) eines Spielers, z. B. in Fällen, in denen er bei einem anderen Verein an einem Wettspiel teilnimmt. Wechselt ein Mitglied seinen Verein, kann es durch Übergabe des Vorgabenstammblattes die Übernahme seiner Vorgabe durch den neuen Verein sicherstellen.

(1.) (2.) (3.) (4.) (5.) (6.) (7.) (8.)

Stand: 02.01.06, 12:08 Uhr

Vorgabenstammblatt - 02.01.2006
(Handicap Record Sheet)

Name: **Meier, Peter** (028167)
Heimatclub: Vereinigung clubfreier Golfspieler im DGV e.V. (9999)
DGV-Stammvorgabe: **23,5**

(9.)

Datum	Bemerkung	Platz	Spielform	Bru/Net	Stblf	SR	CR	Par	+/-	StV.
06.06.05	Monday Cup (I)	Bissenmoor, G&	Stableford	9/ 20	20	131	71,7	72	0,1	23,8
14.06.05	Handicap-Attacke (I)	Lüdersburg, GA	Stableford	12/ 35	35	131	71,6	72	0,0	23,8
18.06.05	2. Monatspreis 2005 (I)	Hamburg-Ostste	Stableford	16/ 37	37	111	66,0	66	-0,4	23,4
20.06.05	Monday Cup (I)	Bissenmoor, G&	Stableford	13/ 28	28	131	71,7	72	0,1	23,5
03.07.05	Bang & Olufsen Golf (I)	Lutzhorn, GC	Stableford	15/ 38	38	128	70,1	70	-0,8	22,7
22.08.05	Monday Cup (I)	Bissenmoor, G&	Stableford	14/ 34	34	131	71,7	72	0,0	22,7
02.09.05	Offener Feitags-Cup (I)	Breitenburg, G	Stableford	12/ 25	25	122	71,4	72	0,1	22,8
05.09.05	Monday Cup (I!)	Bissenmoor, G&	Stableford		0	133	72,2	72	0,1	22,9
06.09.05	Handicap Attacke (I!)	Moorfleet, Red	Stableford	14/ 31	31	120	67,2	70	0,1	23,0
12.09.05	Handicap-Attacke (I!)	Glinde, GC Gut	Stableford	11/ 27	27	120	69,5	70	0,1	23,1
16.09.05	Golf am Freitag (I)	Peiner Hof, GP	Stableford	9/ 21	21	129	70,0	71	0,1	23,2
23.09.05	Offener Freitags-Cup (I)	Breitenburg, G	Stableford	13/ 29	29	124	71,4	72	0,1	23,3
04.10.05	Handicap-Attacke (I)	Lüdersburg, GA	Stableford	13/ 33	33	129	71,5	73	0,0	23,3
(11.) 05.10.05	EDS mit Hans Zählgut	Weidenhof, GP	Stableford	13/ 25	25	112	65,4	68	0,1	23,4
07.10.05	Golf am Freitag (I)	Peiner Hof, GP	Stableford	13/ 28	28	129	70,0	71	0,1	23,5

Vorgabenwirksame Wettspiele seit Jahresbeginn: 0 (10.)
Gewertete EDS-Runden seit Jahresbeginn: 0
Stblf = Erzielte Stableford-Netto-Punkte
+/- = Änderung der Stammvorgabe (n.v. = nicht vorgabenwirksam)

Die Angaben in diesem Vorgabenstammblatt erfolgen auf Grundlage der Offiziellen Golfregeln (einschl. Amateurstatut) und des DGV-Vorgabensystems.
Diese Vorgabe ist ein offizielles EGA-Handicap nach dem EGA-Handicap-System.

PC CADDIE 2005; © 1988-2005 Schmedding Software Systeme GmbH — Vereinigung clubfreier Golfspieler im DGV e.V., Wiesbaden

(1.) DGV-Stammvorgabe
Die DGV-Stammvorgabe ist das „eigentliche Handicap" eines Spielers. Sie wird als Zahl mit einer Dezimalstelle hinter dem Komma dargestellt. Die DGV-Stammvorgabe wird als Grundlage für die Errechnung der jeweiligen für die Runde zugrunde zu legenden DGV-Spielvorgabe benutzt.

(2.) Bruttoergebnis (Bru)
Summe der Brutto-Schläge (im Zählspiel) bzw. Stableford-Brutto-Punkte (im Zählspiel nach Stableford) oder das Brutto-Ergebnis gegen Par (im Zählspiel gegen Par).

(3.) Nettoergebnis (Net)
Schläge nach Abzug der Vorgabe (im Zählspiel) oder Stableford-Netto-Punkte (im Zählspiel nach Stableford) oder Netto-Ergebnis gegen Par (in Zählspiel gegen Par).

(4.) Erzielte Stableford-Netto-Punkte (Stblf)
Zur Vorgabenfortschreibung werden alle Spielergebnisse (auch wenn das Wettspiel kein Zählspiel nach Stableford war) in Stableford-Netto-Punkte umgerechnet.

(5.) Slope-Wert (SR)
Der Slope-Wert ist das Maß des relativen Schwierigkeitsgrades eines Platzes für Bogey-Golfer (also Spieler, die ca. Handicap 20 haben). Jeder Golfplatz hat neben den Course-Rating-Werten vom Deutschen Golf Verband e. V. auch Slope-Werte zugeteilt bekommen, die im Wesentlichen dafür sorgen, dass sich das Handicap eines Spielers an die Platzschwierigkeit anpasst (je schwerer der Platz, desto höher das Handicap).

(6.) Course-Rating-Wert (CR)
Der Course-Rating-Wert ist das Maß des Schwierigkeitsgrades eines Golfplatzes, beurteilt für einen fiktiven Spieler mit Handicap 0 unter normalen Platz- und Wetterbedingungen. Ermittelt wird dieser Wert aus der effektiven Spiellänge des Platzes und anderen Erschwernisfaktoren.

(7.) Par des Platzes (Par)
Summe der Pars aller 18 Einzellöcher.

(8.) DGV-Stammvorgabe (StV.)
Siehe Punkt (1.)

(9.) DGV-Spielvorgabe im Heimatverein
Die hier eingetragene DGV-Spielvorgabe gibt die Anzahl an Vorgabenschlägen an, die ein Spieler, der eine DGV-Stammvorgabe hat, für die mittleren Abschläge seines Heimatvereins erhält.

(10.) Anzahl Wettspiele und EDS-Runden seit Jahresbeginn

In der Vorgabenklasse 3 (HCP 11,5 – 18,4) und 4 (18,5 – 26,4) darf eine vorgabenwirksame Privatrunde (EDS) immer nur dann gespielt werden, wenn die Anzahl der im Vorgabenstammblatt registrierten Wettspiele innerhalb des aktuellen Kalenderjahrs höher ist, als die der bereits gespielten Extra Day Scores. In den Vorgabenklassen 5 (HCP 26,5 – 36,0) und 6 (Clubvorgabe 37 – 54) gilt diese Einschränkung nicht.

(11.) Eintrag von EDS-Runden

EDS-Runden sind unter bestimmten Bedingungen vorgabenwirksam. Der Name hinter dem Begriff „EDS" nennt den Zähler der Runde.

Spielformen

„Zählspiel nach Stableford"

Das Zählspiel nach Stableford (Einzel nach Stableford gem. Regel 32-1.b) ist wohl die häufigste und beliebteste Spielform im Amateurgolfsport. Außerdem wird, wie bereits erwähnt, zur Vorgabenfortschreibung (also Herab- bzw. Heraufsetzung des Handicaps) jedes vorgabenwirksame Ergebnis (egal welche Spielform Sie für Ihre Golfrunde gewählt haben) in Stableford-Nettopunkte umgerechnet (dazu: Rubrik „Wissenswertes rund um die Vorgabe").

Beim Stableford-Spiel wird an jedem Loch nach Punkten gerechnet, die im Verhältnis zum Par des Loches vergeben werden (und nicht wie im Einzel-Zählspiel nach Schlägen bzw. der Summe aller Schläge). Grundlage für die Berechnung ist die Tabelle in den „Offiziellen Golfregeln", Regel 32-1.b:

Ergebnis	Punkte
Mehr als eins über Par oder kein Ergebnis	0
Eins über Par	1
Par	2
Eins unter Par	3
Zwei unter Par	4
Drei unter Par	5
Vier unter Par	6

Die nach der Tabelle zu vergebenden Punkte pro Loch können sowohl „Brutto" als auch „Netto" vergeben werden. Was bedeutet das? Nun, Ihre Brutto-Schläge sind die tatsächlich gespielten Schläge auf einem Loch. Beispiel: Spielen Sie auf einem Par-4-Loch sechs Schläge, so haben Sie „Brutto", also tatsächlich, zwei Schläge über Par gespielt und können in der obigen Tabelle ablesen, dass Sie dafür „Brutto" keinen Punkt mehr bekommen. Aber gerade Sie als Einsteiger in den Golfsport legen natürlich viel mehr Wert auf die Nettowertung. Das ist die Wertung, in der Ihr Handicap von Ihrem Ergebnis zum Abzug gebracht wird (sollten Sie hier unsicher sein, lesen Sie doch einfach noch mal in der Rubrik zum Handicap nach).

Wie ziehen Sie nun Ihr Handicap von den „Brutto-Schlagzahlen" an den einzelnen Löchern ab? Folgen Sie uns kurz bei folgender Überlegung: In einem Einzel-Zählspiel, bei dem Sie Ihre gesamten Schläge am Schluss einer Runde zusammenzählen, können Sie natürlich auch am Ende der Runde Ihr Handicap von der Brutto-Schlagzahl abziehen. Beispiel: Sie benötigen 108 Schläge und ziehen Ihre DGV-Spielvorgabe –36 von diesem Ergebnis ab und erzielen ein Netto-Ergebnis von 72 Schlägen. Werden jedoch, wie in der Stableford-Wertung, Punkte pro Loch vergeben, muss auch Ihre Vorgabe pro Loch vergeben werden. Das heißt: Ihre Vorgabe muss nach einem bestimmten Verfahren auf die einzelnen der 18 Löcher einer Golfrunde verteilt werden. Dann wird von jedem Brutto-Ergebnis an einem einzelnen Loch der auf dieses Loch entfallende Anteil Ihrer Vorgabe abgezogen und ermittelt, ob Sie nach Abzug des an diesem Loch erhaltenen Vorgabenanteils noch einen oder mehrere Punkte erzielt haben oder nicht.

Die Verteilung Ihrer Vorgabe auf die einzelnen Löcher erfolgt nach deren Schwierigkeitsgrad. Auf jeder Zählkarte finden Sie für jede einzelne Spielbahn deren Schwierigkeitsgrad aufgedruckt. Dabei werden auf den ersten neun Löchern die ungeraden Zahlen vergeben und auf den zweiten neun Löchern die geraden Zahlen. Der Fachbegriff dazu ist „Vorgabenverteilung". Auf vielen Zählkarten finden Sie die Vorgabenverteilung in einer Spalte, die mit „Hcp" (Abkürzung für Handicap) überschrieben ist. Dort stehen Zahlen von 1 bis 18. Die Bahn mit der Zahl 1 ist die schwerste Bahn der ersten neun Löcher, die Bahn mit der Zahl 2 die schwerste der zweiten neun Löcher.

Bilden wir ein Beispiel: Wenn Sie eine DGV-Spielvorgabe von –36 haben, dann können wir 36 „Vorgabenschläge" auf die Löcher verteilen. Wenn wir dies konsequent nach dem Schwierigkeitsgrad tun, mit dem schwersten Loch beginnen und nach der Verteilung von 36 Vorgabenschlägen aufhören, dann haben Sie auf jedes Loch zwei Vorgabenschläge verteilt. Gegenbeispiel zur Kontrolle: Würden Sie mit einer DGV-Spielvorgabe –20 antreten, würden wir zunächst auf alle Löcher einen Schlag verteilen können (Schwierigkeitsgrade 1 – 18) und hätten noch zwei (20 – 18 = 2) Vorgabenschläge übrig. Wir würden dann erneut mit der Verteilung beginnen, und zwar am schwersten und zweitschwersten Loch. An diesen beiden Löchern hätte ein Spieler mit DGV-Spielvorgabe –20 also zwei Vorgabenschläge, an den anderen Löchern nur einen.

Auf der Zählkarte werden die verteilten Vorgabenschläge von Wettspielausrichtern häufig durch kleine Striche an dem jeweiligen Loch für den Spieler kenntlich gemacht, so dass er mit einem Blick erkennt, „wie viele Striche" er an einem Loch „vor" hat.

Haben Sie es verstanden? Gut, dann noch ein Test: Sie sind Spieler mit einer Clubvorgabe von –54. Na klar, das sind 3 x 18 Vorgabenschläge, die zu verteilen sind, so dass Sie an jedem einzelnen Loch drei Vorgabenschläge erhalten.

Um nun Ihre „Stableford-Nettopunkte" zu ermitteln, ziehen Sie an jedem einzelnen Loch die dort erhaltenen Vorgabenschläge („Striche") von Ihrer Brutto-Schlagzahl (also den dort gespielten Schlägen) einfach ab. Beispiel: Auf einem Par-4-Loch haben Sie eine 7 gespielt. Wenn Sie dort drei Vorgabenschläge erhalten haben, dann haben Sie in der Netto-Wertung nach Abzug dieser Schläge eine 4, also ein (fiktives) Netto-Par gespielt. Nun lesen Sie die dafür zu erhaltenden Punkte aus der nebenstehenden Tabelle, S. 43, ab. Sie sehen, für ein Par (das hier ein Netto-Par ist) erhalten Sie 2 Punkte.

So ermitteln Sie Loch für Loch Ihre Brutto-Punkte (ohne dass Sie von Ihren tatsächlich gespielten Schlägen die Vorgabenschläge abziehen) und Ihre Netto-Punkte (nach Abzug der für jedes Loch erhaltenen Vorgabenschläge). Als Endergebnis erhalten Sie eine Brutto-Gesamtpunktzahl und eine Netto-Gesamtpunktzahl. Im Brutto werden Sie als Einsteiger in den Golfsport wenig Freude haben, aber im Netto werden Sie sicher auch mit guten Spielern mithalten können, denn: Diese dürfen sich ja viel weniger von ihrer tatsächlich gespielten Schlagzahl abziehen.

Hinweis: Bei einer Golfrunde erwartet niemand von Ihnen, dass Sie die Punkte fehlerfrei ausrechnen können. Es reicht vollkommen aus (und ist auch unbedingt notwendig), dass Sie bloß die tatsächlich gespielte Schlagzahl an jedem Loch notieren. Es rechnet dann die Spielleitung.

Tipp: Sie können das Spiel auf einer Golfrunde erheblich beschleunigen, wenn Sie in einem Wettspiel nach Stableford ein Loch dann nicht mehr zu Ende spielen und Ihren Ball aufheben, wenn Sie ohnehin auf diesem Loch keinen Punkt mehr erreichen könnten. In einem solchen Fall wird keine Schlagzahl aufgeschrieben, in dem entsprechenden Feld macht man einen Strich.

„Einzel-Zählspiel"

Nach dem Zählspiel nach Stableford ist das „einfache" Zählspiel (Einzel-Zählspiel gem. Regel 3-1) die zweithäufigste Spielform. (Brutto-) Gewinner eines Zählspiels ist derjenige Spieler, der für die festgesetzte Runde ungeachtet seiner Vorgabe die wenigsten Schläge benötigt. Das Netto-Ergebnis errechnet sich, indem von Ihrer Brutto-Schlagzahl Ihre Vorgabe abgezogen wird.

Beispiel: Ein Spieler hat für eine Runde 102 Schläge benötigt. Das ist sein Brutto-Ergebnis. Zieht er jetzt seine Vorgabe, in unserem Beispiel –34, ab, dann ergibt sich ein Netto-Ergebnis von 68 Schlägen.

„Zählspiel gegen Par"

Im Zählspiel gegen Par wird gegen das Par (bzw. Netto-Par) jedes Lochs gespielt. Die Vorgabe eines Spielers wird wie bei einem Zählspiel nach Stableford auf die einzelnen Löcher verteilt (siehe dort). Der Spieler überprüft sodann an jedem Loch, ob er in der Brutto- und/oder Netto-Wertung besser als Par, genau Par oder schlechter als Par gespielt hat. Für jedes Loch, das er besser als Par gespielt hat, zählt er + 1, für jedes Loch, das er Par gespielt hat 0 und für jedes Loch, das er schlechter als Par gespielt hat – 1 (übrigens egal wie gut oder schlecht: mehr als + oder – 1 gibt es nie pro Loch!). Die Addition dieser Einzelergebnisse ergibt das Gesamtergebnis. Die Golfregeln (Regel 32-1) schreiben vor, auf der Zählkarte die Anzahl der Bruttoschläge an jedem Loch zu notieren, an dem der Spieler (Brutto – bzw. Netto) gleich oder unter Par gespielt hat.

Auch hier ist zwischen Brutto- und Nettowertung zu unterscheiden. Für den Anfänger ist das Nettoergebnis wichtiger. Er zieht die wie beim Zählspiel nach Stableford auf jedes einzelne Loch entfallenden Vorgabenschläge von der Schlagzahl an diesem Loch ab und prüft, ob er nach Abzug (also netto) besser, gleich oder schlechter als das Par des Loches gespielt hat.

Lochspiel (Match Play)

Bei dieser Spielart wird lochweise gezählt, es ist das eigentliche Spiel „Mann gegen Mann". Das Spiel kann brutto oder netto gespielt werden. Das jeweilige Loch (d. h. die einzelne Spielbahn) wird von dem Spieler gewonnen, der weniger Schläge (wie gesagt brutto oder netto) benötigt hat. Auf der Scorekarte wird ein (+) eingetragen, wenn überhaupt eine Zählkarte verwendet wird (man darf sich das Ergebnis auch einfach merken). Bei gleichen Ergebnissen wird das Loch geteilt und eine (0) wird eingetragen. Bei einem verlorenen Loch wird ein (–) eingetragen. Das Spiel gewinnt der Spieler, der mit mehr gewonnenen Löchern führt als noch zu spielen sind, d. h. liegt ein Spieler z. B. nach Beendigung des 15. Loches „4 auf", so hat er schon dort das Spiel „4 und 3" gewonnen, da noch drei Löcher zu gehen sind, und der Gegner keine Chance mehr zum Sieg hat. Liegt ein Spieler bei noch drei zu gehenden Löchern „3 auf", so ist die Partie für ihn „dormie", er kann auf den zu spielenden restlichen Löchern nicht mehr verlieren. Ein Lochspiel kann unentschieden enden. Meist wird jedoch in einem Stechen Loch für Loch weitergespielt, bis ein Spieler das entscheidende Loch gewinnt.

Die Vorgabe bei diesem Spiel im Netto ist die volle Differenz (oder nach Entscheidung der Spielleitung eine geringere Differenz) zwischen den Spielvorgaben der beiden Spieler. Hat z. B. Spieler A eine Vorgabe von 16 und Spieler B von 21, beträgt der Unterschied fünf Schläge. Spieler B hat an den fünf schwersten Löchern einen Schlag vor. (Er darf diesen vor dem Vergleich seines Ergebnisses mit dem Ergebnis seines Gegners, also von den gespielten Schlägen an dem jeweiligen Loch, abziehen.)

Zu beachten ist beim Lochspiel, dass Schläge „geschenkt" werden können, d. h. z. B., dass man nicht darauf bestehen muss, dass der Gegner noch den bevorstehenden leichten 30-cm-Putt ausführt, sondern, dass man diesen vorab schon als eingelocht behandelt. Sieht man keine Chance ein Loch noch zu gewinnen, kann man das ganze Loch noch vor dessen Beendigung schenken, d. h. der Gegner gewinnt das Loch.

Einzelheiten zu den Spielformen: Offizielle Golfregeln des Deutschen Golf Verbandes e. V., Albrecht Golf Verlag GmbH, Gräfelfing, Telefon (0 89) 8 58 53 541, ISBN 3-870 14-103-4, € 6,95.

(Wett-)Spielregeln

Tipps und Tricks damit Ihr Wettspiel ein Volltreffer wird

Vor dem Wettspiel:

Sie sollten eine Stunde vor Ihrer Startzeit auf dem Golfplatz sein und sich bei der Wettspielleitung anmelden.

Bereiten Sie sich in Ruhe vor. Alles was Sie für die Golfrunde benötigen, sollten Sie in Ihrer Golftasche verstauen: Bälle, Tees, Pitchmarken-Gabel, Bleistift, Rundenverpflegung und je nach Wetter evtl. auch Regenanzug, Sweater, Handtücher, zusätzliche Handschuhe, usw.

Praktische Vorbereitung: Putten, Chippen, kurze und lange Schläge. Die letzten Übungsschläge sollten Sie mit dem Schläger machen, den Sie für den ersten Abschlag benötigen.

Am Start erhalten Sie Ihre Scorekarte, kontrollieren Sie unbedingt Ihren Namen und Ihr Handicap, anschließend sind die Karten mit Ihren Mitspielern zu tauschen.

Während des Wettspiels:

Wenn Sie an der Reihe sind abzuschlagen, sollten Sie bereits darauf vorbereitet sein. D. h. der Golfhandschuh sollte angezogen sein, Ball, Tee und Schläger sind ebenfalls zur Hand. So vermeiden Sie unnötigen Stress vor Ihrem Abschlag.

Golf im Wettspiel heißt Rücksichtnahme auf Ihre Mitspieler und die anderen Spielergruppen auf dem Platz: Zügig spielen und die Vorgruppe immer im Blick haben. Niemals das gesamte Teilnehmerfeld durch langsames Spiel aufhalten. Sie sollten Ihre Runde nach 4 – 4,5 Stunden beendet haben.

Ausreichende Konzentration auf jeden Golfschlag ist wichtig. Doch ein Übungsschwung sollte genügen. Viele Probeschwünge führen nicht unbedingt zu einer Verbesserung des Scores.

Organisieren Sie den Ablauf Ihres Spiels, so ist unnötiges Hin- und Herlaufen vermeidbar. Der Caddiewagen sollte immer nahe bei Ihnen sein, so sparen Sie Kraft und Zeit. Der Wagen sollte immer möglichst nahe zum nächsten Abschlag abgestellt werden, bevor Sie auf dem Grün putten.

Wenn Sie vermuten, dass Ihr Ball nicht gefunden wird, spielen Sie – nach Ankündigung – besser gleich einen „provisorischen" Ball. Dadurch vermeiden Sie evtl. zurückgehen zu müssen, um einen neuen Ball ins Spiel zu bringen.

Wenn Sie einen Ball suchen müssen und ihn nicht sofort finden, lassen Sie die nachfolgende Spielergruppe gleich durchspielen. So ergibt sich keine Spielverzögerung und Sie können fünf Minuten suchen, während die nächste Gruppe durchspielt.

Während Sie zu Ihrem Ball gehen überlegen Sie sich bereits, welchen Schläger Sie nehmen um den nächsten Schlag auszuführen. Diese Vorbereitung vermittelt ein sicheres Gefühl und spart Zeit.

Nach dem Wettspiel:

Zum Schluss des Wettspiels vergleichen Sie die Scorekarten (siehe S. 50) mit Ihren Partnern, achten Sie auf die Unterschrift des Zählers, unterschreiben sie und geben Sie sie bei der Wettspielleitung so zügig wie möglich ab. Auf der abgegebenen Scorekarte sollte deutlich Ihr Score (also der des Spielers) stehen. Es empfiehlt sich, andere Zahlen durchzustreichen.

Sie sind für Ihre eigene Scorekarte verantwortlich. Sollten Unregelmäßigkeiten auftauchen, können Sie disqualifiziert werden.

Bei Unstimmigkeiten gilt: Niemals die Scorekarte unterschreiben! Die Wettspielleitung ist in solchen Fällen Ihr Ansprechpartner. Klären Sie vor Ihrer Unterschrift alle zweifelhaften Einzelheiten.

Wie fülle ich eine Scorekarte aus?

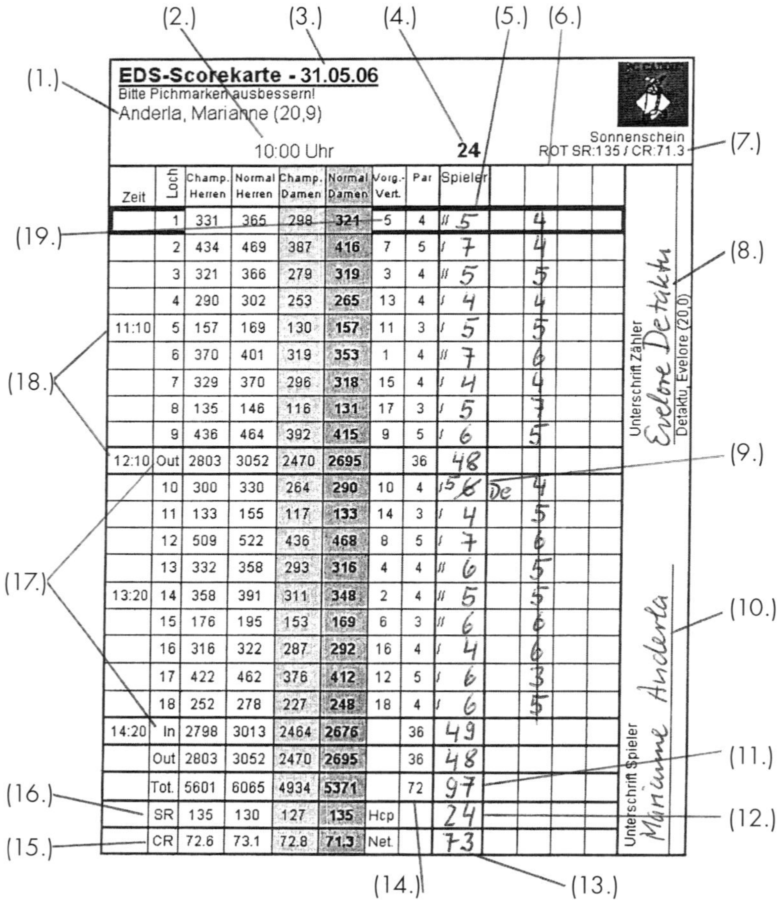

Zeit	Loch	Champ. Herren	Normal Herren	Champ. Damen	Normal Damen	Vorg.-Vert.	Par	Spieler		
	1	331	365	298	321	5	4	// 5		4
	2	434	469	387	416	7	5	/ 7		4
	3	321	366	279	319	3	4	// 5		5
	4	290	302	253	265	13	4	/ 4		4
11:10	5	157	169	130	157	11	3	/ 5		5
	6	370	401	319	353	1	4	// 7		6
	7	329	370	296	318	15	4	/ 4		4
	8	135	146	116	131	17	3	/ 5		7
	9	436	464	392	415	9	5	/ 6		5
12:10	Out	2803	3052	2470	2695		36	48		
	10	300	330	264	290	10	4	/5 6	De	4
	11	133	155	117	133	14	3	/ 4		5
	12	509	522	436	468	8	5	/ 7		6
	13	332	358	293	316	4	4	// 6		5
13:20	14	358	391	311	348	2	4	// 5		5
	15	176	195	153	169	6	3	// 6		6
	16	316	322	287	292	16	4	/ 4		6
	17	422	462	376	412	12	5	/ 6		3
	18	252	278	227	248	18	4	/ 6		5
14:20	In	2798	3013	2464	2676		36	49		
	Out	2803	3052	2470	2695		36	48		
	Tot.	5601	6065	4934	5371		72	97		
	SR	135	130	127	135	Hcp		24		
	CR	72.6	73.1	72.8	71.3	Net.		73		

(1.) Name des Spielers

(2.) Abschlagzeit

Bei einem Wettspiel müssen Sie zu dieser Zeit spätestens abspielbereit sein, sonst erfolgt Disqualifikation, zumindest aber Strafschläge. Höflich ist es, fünf Minuten vor der Abschlagzeit am Abschlag zu erscheinen, um sich mit seinen Mitspielern bekannt zu machen.

(3.) Tag des Spiels

(4.) Club-Spielvorgabe bzw. DGV-Spielvorgabe des Spielers
Gibt die Anzahl der Vorgabenschläge an, die der Spieler vom jeweiligen Zählspielabschlag des zu spielenden Platzes erhält.

(5.) Schlagzahl des Spielers
Die Schlagzahl wird immer brutto notiert.

(6.) Schlagzahl des Zählers
Diese kann zur späteren Kontrolle ebenfalls aufgeschrieben werden, sollte jedoch am Ende durchgestrichen werden, damit es durch die Spielleitung bei der Auswertung nicht zu Verwechslungen kommt.

(7.) Slope-Wert und Course-Rating-Wert
des vom Spieler gespielten Abschlags (hier: Rot – Normal Damen).

(8.) Unterschrift des Zählers

(9.) Korrekturen
Sie müssen eindeutig und gut lesbar sein. Der Zähler kann die Korrektur mit seinem Namenskürzel bestätigen.

(10.) Unterschrift des Spielers
Wichtig: Ohne Unterschrift erfolgt im Wettspiel Disqualifikation gem. Regel 6-6.b

(11.) Summe der Brutto-Schläge
(Schläge ohne Anrechnung der Vorgabe).
Die Addition ist Sache der Spielleitung, Rechenfehler des Spielers/Zählers bleiben folgenlos.

(12.) Club-Spielvorgabe bzw. DGV-Spielvorgabe des Spielers
siehe Punkt (4.).

(13.) Nettoergebnis
Schläge nach Abzug der Vorgabe.

(14.) Par des Platzes
Entspricht der Parsumme aller Löcher.

(15.) Course-Rating-Wert der einzelnen Abschläge

(16.) Slope-Wert der einzelnen Abschläge

(17.) In und Out
Die ersten neun Löcher werden als „Out", die zweiten neun Löcher als „In" bezeichnet. Man spielt eben zunächst vom Clubhaus weg und kehrt auf den zweiten neun Löchern zurück.

(18.) Richtzeiten
Zu dem hier angegebenen Zeitpunkt sollten Sie an den entsprechenden Löchern abschlagen.

(19.) Reihenfolge der Vorgabenverteilung auf die Löcher
Das Loch mit Vorg.-Vert. (auch Hcp) 1 ist das schwerste der ersten neun Löcher, das mit Vorg.-Vert. 2 das schwerste Loch der zweiten neun Löcher. Die Spielleitung verteilt die Vorgabe des Spielers, bei Vorg.-Vert. 1 beginnend, auf die Löcher.
Beispiel:
Ein Spieler mit Vorgabe 24 darf an den Löchern mit Vorg.-Vert. 1 bis 6 je zwei Schläge von seinem Ergebnis abziehen, bei den Löchern mit Vorg.-Vert. 7 bis 18 nur je einen. Dann werden die Stableford-Punkte errechnet.

(20.) Rückseite der Zählkarte
Achtung: in der Regel befinden sich auf der Rückseite der Zählkarte die wichtigsten Platzregeln und Etikette-Hinweise. LESEN!

Wettspielarten (Auswahl)

Vierer (Vierer Zählspiel, Engl.: foursomes)

Zwei Spieler spielen zusammen nur einen Ball, wobei immer abwechselnd geschlagen wird. Im Vorhinein muss noch vereinbart werden, welcher Spieler an den geraden und welcher an den ungeraden Löchern (unabhängig davon, wer am letzen Loch eingelocht hat) abschlägt. Strafschläge beeinflussen dabei die Spielreihenfolge nicht. Das gemeinsame Bruttoergebnis der Partner wird in die Scorekarte eingetragen und am Ende der Runde die Vorgabe abgezogen, um das Nettoergebnis zu erhalten.

Vorgabe: ½ Summe der Spielvorgaben der Partner für die Runde. Die Spielvorgaben beider Spieler werden addiert und durch zwei dividiert, um die Spielvorgabe für das Team zu erhalten.

Der Vierer (umgangssprachlich „Klassischer Vierer" genannt) ist ein schnelles Spiel (zwei Spieler spielen nur **einen** Ball), das jedoch seine Tücken hat und einer der schwersten Vierer ist, da man oft von Stellen spielen muss, an denen man sonst nie liegt, da immer der gerade vom Partner geschlagene Ball gespielt wird. Der Vierer wird oft auch als sog. „Ehepaarvierer" gespielt und wird in vielen Golfclubs scherzhaft auch „Scheidungsvierer" genannt.

Vierer mit Auswahldrive

Der Vierer mit Auswahldrive ist eine Variante des Vierers. Der Unterschied ist jedoch, dass beide Spieler an jedem Loch abschlagen und nach dem Abschlag entscheiden, welcher Ball weitergespielt wird. Wählen die Spieler den Ball von Spieler B, so führt Spieler A den nächsten Schlag aus und es wird abwechselnd mit einem Ball weitergespielt, bis der Ball eingelocht ist. Strafschläge berühren die Spielreihenfolge nicht.

Spielen beide Spieler ins Aus oder sind beide Bälle verloren, so beschränkt sich das Wahlrecht darauf, dass einer der beiden Spieler einen weiteren Ball mit Strafschlag ins Spiel bringt.

Beispiel: Gemischtes Paar – Abschlag der Dame sowie Abschlag des Herren landen im Aus. Der Ball der Dame wird ausgewählt, dann spielt der Herr einen weiteren Ball, jedoch vom Damenabschlag.

Hinweis: Ein provisorischer Ball darf nur für einen der beiden Bälle gespielt werden.

Gezählt wird nach Zählspielregeln, das Bruttoergebnis wird eingetragen und die Vorgabe nach Beendigung der Runde eingetragen.

Vorgabe: Die Vorgabe errechnet sich aus 0,6 der niedrigeren DGV-Spielvorgabe + 0,4 der höheren DGV-Spielvorgabe der Partner. Die Summe wird auf ganze Schläge auf- (ab 0,5) oder abgerundet (bis 0,4).

Beispiel:

A.	Hammer	Hcp. 9 mal 0,6	5,4
B.	Socket	Hcp. 14 mal 0,4	5,6 Summe 11,0 = Spielvorgabe 11
C.	Birdie	Hcp. 12 mal 0,6	7,2
D.	Bogey	Hcp. 13 mal 0,4	5,2 Summe 12,4 = Spielvorgabe 12

Chapman-Vierer

Das Loch beginnt wie beim „Auswahldrive", aber als zweiten Schlag spielen beide Partner über Kreuz jeweils den Ball des anderen weiter. Erst nach diesen zweiten Schlägen wird ein Ball ausgewählt und wie beim Vierer weitergespielt. Ist der ausgewählte Ball der Ball, den Spieler A als zweiten Schlag gespielt hat, spielt B mit diesem Ball den nächsten Schlag, der andere Ball wird aufgehoben. Gezählt wird nach Zählspielregeln, das Bruttoergebnis wird eingetragen und die Vorgabe nach Beendigung der Runde eingetragen.

Vorgabe: ½ Summe der Spielvorgabe der Partner für die Runde (0,5 auf ganze Schläge aufgerundet).

Beispiel:

A.	Hammer	Hcp. 9
B.	Socket	Hcp. 15
		Summe 24 davon ½ =12 Spielvorgabe 12
C.	Birdie	Hcp. 12
D.	Bogey	Hcp. 13
		Summe 25 davon ½ =12,5 Spielvorgabe 13

Texas Scramble

Texas Scramble ist ein sehr schönes und populäres Spiel, das immer mehr Verbreitung findet, da es sehr gesellig ist. Es hat jedoch keinen hohen sportlichen Anspruch.

Bei diesem Vierball-Teamspiel auf Zählspielbasis schlagen alle Spieler ab, dann entscheiden sie, welcher der vier Bälle am besten liegt (es muss nicht unbedingt der Weiteste der Beste sein!). Die drei anderen Bälle werden aufgehoben und je nach Vereinbarung innerhalb einer Scorekartenlänge – nicht näher zum Loch – um den Spielball gedroppt.

Alle Spieler spielen ihren Ball aus dieser Position weiter, wählen danach wieder einen Ball und verfahren mit den aufgehobenen Bällen wie schon beschrieben. Befindet sich der ausgewählte Ball im Rough, Wald oder einem Hindernis, müssen natürlich auch die anderen Bälle von dort gespielt werden. Am Grün wird der beste Ball markiert und alle Spieler putten von derselben Stelle. So wird verfahren, bis der erste Spieler einen Ball eingelocht hat. Das Teamergebnis (Brutto) pro Loch wird in die Scorekarte eingetragen, nach Beendigung der Runde addiert und die Vorgabe abgezogen. Pro Team gibt es pro Loch also unabhängig von der Anzahl der Spieler im Team nur ein Ergebnis.

Vorgabe: Addition von
0,4 x des niedrigsten Handicaps
0,3 x des zweitniedrigsten Handicaps
0,2 x des zweithöchsten Handicaps
0,1 x des höchsten Handicaps

Das Ergebnis wird ab 0,5 auf-, bis 0,4 abgerundet.

Klassischer Texas Scramble

Diese Spielform ist identisch mit der unter der in Texas Scramble beschriebenen, mit der Ausnahme, dass von jedem Spieler innerhalb der Wettspielrunde mindestens drei Abschläge (also drei Bälle jedes Spielers zum Ausgangspunkt der nächsten Schläge) genommen werden müssen. Aus taktischen Gründen empfiehlt es sich, die Abschläge der schwächeren Spieler so bald als möglich zu wählen, um am Ende der Runde nicht in Bedrängnis zu geraten.

Vorgabe: siehe Texas Scramble

So macht Golf erst richtig Spaß

Sieben Grundregeln zur Vermeidung langsamen Spiels

Nach Regel 6-7 der Golfregeln muss der Spieler ohne unangemessene Verzögerung spielen. Insbesondere darf der Spieler zwischen dem Abschluss eines Lochs und dem Abspielen am nächsten Abschlag das Spiel nicht unangemessen verzögern. Die Golfregeln sehen für eine unangemessene Verzögerung im Lochspiel als Strafe Lochverlust und im Zählspiel als Strafe zwei Strafschläge vor. Wiederholt sich eine unangemessene Verzögerung, gilt in beiden Fällen als Strafe: Disqualifikation.

Lassen Sie es nicht soweit kommen. Wir geben Ihnen hier sieben Tipps für ein zügiges Spiel auf der Golfrunde:

1. **Vermeiden Sie zu viele Probeschwünge, bevor Sie einen Schlag ausführen.**
   Natürlich kann einem der Probeschwung die nötige Sicherheit für den folgenden Schlag geben, und Sie sollten, wenn er für Sie hilfreich ist, nicht auf ihn verzichten. Aber schon der zweite Probeschwung, das haben ernstzunehmende Untersuchungen gezeigt, bringt keinen erkennbaren Fortschritt.

2. **Bereiten Sie sich schon auf Ihren Schlag vor, während ein anderer Spieler an der Reihe ist.**
   Viele Vorbereitungen auf den nächsten Schlag lassen sich schon durchführen, wenn man noch gar nicht an der Reihe ist. Stets gilt natürlich, dass die anderen Spieler nicht gestört werden dürfen. Aber: Die Entfernung schätzen, in Gedanken einen Schläger auswählen, den Wind begutachten, das Gefälle des Grüns prüfen usw. – all das kann, ohne zu stören, bereits erfolgen.

3. **Lieber einmal mehr als zuwenig einen „provisorischen Ball" spielen.**
   Nach Regel 27-2 darf ein Spieler zur Zeitersparnis so nah wie möglich der Stelle, wo der ursprüngliche Ball gespielt worden ist, einen sog. „provisorischen Ball" spielen, wenn sein ursprünglicher Ball außerhalb eines Wasserhindernisses verloren oder Aus sein kann. Bevor Sie also nach vorn gehen, um den ursprünglichen Ball zu suchen, sollten Sie in Zweifelsfällen einen provisorischen Ball spielen und müssen dies Ihren Mitspielern vorher ankündigen. Diesen dürfen Sie bis zu der Stelle provisorisch weiterspielen, wo sich Ihr erster Ball mutmaßlich befindet. Sollten Sie den ersten Ball dann tatsächlich nicht finden, ersparen Sie sich das Zurücklaufen zu der Stelle, von der Sie diesen Ball geschlagen hatten. Eine enorme Zeitersparnis!

4. **Frühzeitig durchspielen lassen.**
   Können Sie oder Ihre Spielergruppe die Position auf der Golfrunde nicht halten (d. h.: die Gruppe hinter Ihnen wartet ggf. mehrfach, bis Sie außer Reichweite sind), so lassen Sie durchspielen. Stellen Sie sich an den Bahnrand und geben Sie deutlich Zeichen. Sie vermeiden damit unnötigen Druck und können Ihre Runde in Ruhe zu Ende spielen.
5. **Stellen Sie die Golftasche am Grün auf der „richtigen Seite" ab.**
   Sie ersparen sich unnötige Wege, wenn Sie, bevor Sie auf das Grün eines Loches gehen, Ihren Golfwagen oder Ihre Golftasche bereits an der Seite abstellen, an der der Weg zum nächstgelegenen Loch beginnt. Sicher haben auch Sie sich schon einmal über Spieler geärgert, die, obwohl sie das Loch bereits beendet hatten, in aller Seelenruhe ihren Golfwagen von der „falschen Seite" holen mussten und Sie selbst deshalb das Grün noch lange nicht anspielen konnten.
6. **Schreiben Sie die Schlagzahlen erst am nächsten Abschlag auf.**
   Als oberstes Gebot gilt: Hat der letzte Spieler einer Spielergruppe seinen Ball eingelocht, sollte das Grün so schnell wie möglich verlassen werden. Deshalb sollte man auch die an dem Loch gespielten Schläge erst auf der Zählkarte eintragen, wenn man die Spielbahn verlassen hat.
7. **Gehen Sie zügig vom gerade gespielten Loch zum nächsten Abschlag.**
   Viel Zeit vergeht, wenn Spieler gemütlich plaudernd vom Grün des soeben beendeten Lochs zum nächsten Abschlag schlendern. Gehen Sie zügig! Das spart viel Zeit!

Verstehen Sie uns bitte nicht falsch: Sie sollen sich nicht hetzen lassen. Aber: Alle haben mehr vom Spiel, wenn der Spielfluss gewahrt bleibt. Und: Meinen Sie nicht auch, dass Ihre Ergebnisse sich schlagartig verbessern dürften, wenn Sie sich nicht sechs, sondern nur vier Stunden auf das Golfspiel konzentrieren müssen?

Sicherheitshinweise

Golfschläger und Ball sind gefährliche „Waffen", die wegen ihrer enormen Schwung- bzw. Fluggeschwindigkeit andere Menschen schwer verletzen oder auch töten können.

Sicheres Verhalten auf Übungsanlagen und Golfplatz:

• Bevor ein Golfer einen Golfschläger schwingt, gleichgültig, ob es sich um einen Probeschwung oder Schlag nach dem Ball handelt, stellt er sicher, dass weder Mitspieler noch Zuschauer durch den Schläger, den geschlagenen Ball oder herausgeschlagenes Erdreich getroffen werden können.

• Bei Schwungübungen oder beim Warmschwingen niemals den Schläger in Richtung einer anderen Person schwingen.

• Auf Übungsanlagen dürfen gleichzeitig übende Golfer stets nur in einer geraden Linie nebeneinander stehen. Der Mindestabstand soll deutlich mehr als die Entfernung von ausgestrecktem Arm und Schläger betragen.

• Auf Abschlagplätzen stehen Mitspieler stets hinter der Abschlaglinie des Spielers; niemals hinter dem Rücken, am besten Gesicht zu Gesicht.

• Auf Fairways und im Rough steht der Spieler, der den Ball schlagen will, immer näher zur Fahne, als sein Mitspieler oder der Begleiter. Er darf nicht schlagen, wenn sich andere Personen in Schlagreichweite in Richtung auf die Fahne aufhalten.

• In der Nähe von Bäumen, Pfählen, Masten oder Mauern dürfen Mitspieler oder Begleiter auch nicht dicht beim Spieler stehen. Falls die Gefahr besteht, dass der Spieler selbst durch seinen abprallenden Ball getroffen werden könnte, sollte er eine freiere Schlagrichtung wählen.

Warnzeichen

• Besteht die Möglichkeit, dass durch einen geschlagenen Ball andere Personen gefährdet sind, so ist sofort nach dem Schlag laut „FORE!" zu rufen.

• Wer in seiner Nähe den Ruf „FORE!" hört, wendet sich unverzüglich in die entgegengesetzte Richtung ab, geht in die Hocke und legt die Arme über den Kopf.

• Befinden sich Spieler in Schlagreichweite einer nachfolgenden Spielgruppe, ohne dass diese die Spieler (z. B. wegen der Beschaffenheit des Geländes) sehen kann, so ist optisch z. B. durch eine stehengelassene Golftasche an einem für die Spielgruppe sichtbaren Punkt zu warnen.

Vermeidung von Verletzungen

• Ausgiebiges Aufwärmen vor Golfübungen oder -spiel durch Gymnastik oder Stretching verhindert Zerrungen, Überdehnungen oder Bänderrisse.

• Um einen sicheren Stand und Schutz gegen Stürze zu gewährleisten ist das Golf-Schuhwerk unerlässlich. Achtung: Auf den meisten Golfplätzen sind Schuhe mit Metallspikes mittlerweile verboten!

Regelfragen (Prüfungsfragen zur DGV-Platzreife)

Bei den nachfolgenden Regelfragen gelten die Golfregeln ohne besondere Platzregeln, wenn nicht anders erwähnt.

Frage 1

Eine Grundforderung im Golf ist „zügig spielen und Anschluss halten". Wird das Spiel einer Gruppe z. B. durch die Suche nach einem Ball verzögert, muss der nachfolgenden schnelleren Gruppe unaufgefordert ein Zeichen zum Durchspielen gegeben werden, auch wenn dadurch das eigene Spiel verlangsamt wird.

- [x] Richtig
- [ ] Falsch

Frage 2

Wenn nötig, sollten Übungsschwünge ohne Bodenkontakt ausgeführt werden, um neben der Gefährdung jede Beschädigung des Platzes auszuschließen.

- [x] Richtig
- [ ] Falsch

Frage 3

Beim Ausbessern von Pitchmarken genügt es, durch festes Auftreten die Bodenunebenheiten auszugleichen. Weitere Reparaturarbeiten sind eher schädlich und deshalb sollte die vollständige Beseitigung des Schadens dem Fachmann, also dem Greenkeeper, überlassen werden.

- [ ] Richtig
- [x] Falsch

Frage 4

Spielen von falschem Ort hat zwei Strafschläge zur Folge. Ist es zugleich auch noch ein schwerwiegender Verstoß, so kann der Spieler auch disqualifiziert werden.

- [x] Richtig
- [ ] Falsch

Frage 5

Frühmorgens sind Grüns oftmals mit Tau bedeckt und dieser Zustand beeinträchtigt das Putten. Darf ein Spieler den Tau auf seiner Puttlinie entfernen?

☐ Ja

☒ Nein

Frage 6

☑
☐

Schlägt ein Spieler einen Ball in eine Richtung, in der er jemanden treffen könnte, sollte er sofort einen lauten Warnruf ausstoßen. Der übliche Warnruf in einer solchen Situation ist „Fore".

☒ Richtig

☐ Falsch

☑
☐

Frage 7

Ein Spieler markiert seinen Ball auf dem Grün, hebt ihn auf und lässt ihn, während sein Mitspieler zu seiner Golftasche geht, absichtlich über das Grün rollen.
Ist dies:

☐ a Ein grober Verstoß gegen die Etikette?

☒ b Ein Prüfen der Oberfläche und damit ein Regelverstoß?

☐ c Ein zulässiges Verfahren, die Schnelligkeit des Grüns zu testen?

☐
☑

Frage 8

Liegt ein Ball in einem Hindernis, Bunker oder Wasserhindernis, ist das Erleichterungsverfahren bei Behinderung durch ein unbewegliches Hemmnis immer gleich: Der nächstgelegene Punkt ohne Behinderung, nicht näher zur Fahne, muss innerhalb des Hindernisses bestimmt und der Ball innerhalb einer Schlägerlänge von diesem Punkt aus im Hindernis fallen gelassen werden.

☐ Richtig

☒ Falsch

☑
☐

Frage 9

Pitchmarken auf den Grüns sollten vom Spieler möglichst nicht ausgebessert werden, weil dabei vermutlich eine noch größere Beschädigung als durch den Ball verursacht würde.

- [ ] Richtig
- [x] Falsch

Frage 10

Golf ist zwar ein ausgeprägter Individualsport, aber das vorherrschende Prinzip ist, dass stets Rücksicht auf andere Spieler genommen werden sollte.

- [x] Richtig
- [ ] Falsch

Frage 11

Ein Spieler setzt seinen Ball auf einem Abschlag auf ein Tee und spricht ihn an, wobei er den Ball berührt, sodass der Ball vom Tee fällt. Der Spieler legt den Ball auf das Tee zurück und schlägt ab. Als alle Spieler abgeschlagen haben, beginnt eine Diskussion darüber, welche Folgen dieser Vorfall für den Spieler hat.

- [ ] a Ein Mitspieler behauptet, der Ball sei in Ruhe bewegt worden und der Spieler habe sich einen Strafschlag zugezogen.
- [x] b Der Spieler behauptet, der Ball sei noch nicht „im Spiel“ gewesen und folglich hätte er den Ball straflos zurücklegen dürfen.

Welche Behauptung ist richtig?

Frage 12

Hat ein Spieler aus einem Bunker gespielt, sollte er nur dann seine Spuren im Sand einebnen, wenn die nachfolgende Spielergruppe noch nicht in Schlagweite herangekommen ist.

☐ ☐ Richtig

☑ ☒ Falsch

Frage 13

„Kann ein Spiel seine Position auf dem Platz nicht behaupten und bleibt um mehr als ein volles Loch hinter den vorausgehenden Spielern zurück, so sollte es die nachfolgenden Spieler zum Überholen auffordern." Diese Forderung von Rücksichtnahme auf dem Golfplatz gilt nur für Wettspiele.

☑ ☐

☐ Richtig

☒ Falsch

Frage 14

Häufig kann man beobachten, dass während des Schlags eines Spielers ein Mitbewerber seitlich vor ihm steht und durch einen schlecht getroffenen Ball gefährdet wird.
Wie beurteilen Sie diese Situation?

☐

☑

☐ a Es ist die eigenverantwortliche Entscheidung eines Spielers, wohin er sich beim Schlag eines Mitspielers stellt. Somit ist er auch an einer Gefährdung selbst schuld.

☐ b Wird der Mitspieler durch den Spieler vor seinem Schlag auf eine mögliche Gefährdung hingewiesen, ist der Etikette Genüge getan und der Spieler kann später nicht für die Folgen seines Schlags verantwortlich gemacht werden.

☒ c Ein Spieler darf keinen Schlag spielen, der einen anderen gefährden könnte. Er muss die in Reichweite seines Schlags befindliche Person dazu veranlassen, hinter die eigene Position zurückzukommen oder sich vergewissern, dass alle in Sicherheit sind. Erst danach darf er seinen Schlag ausführen.

Frage 15

Zähler ist jemand, den die Spielleitung zum Aufschreiben der Schlagzahl eines Bewerbers im Zählspiel bestimmt hat. Er ist kein Platzrichter und darf deshalb keine Regelentscheidung fällen.

- [x] Richtig
- [ ] Falsch

Frage 16

Ein Ball gilt als „bewegt", wenn er mindestens eine halbe Umdrehung ausgeführt hat.
Ist diese Behauptung

- [ ] Richtig
- [x] Falsch

Frage 17

Während ein Spieler den Rückschwung für seinen Schlag macht, bewegt sich sein Ball. Der Spieler bricht seine Bewegung nicht ab und schlägt den sich bewegenden Ball.
Wie beurteilen Sie diesen Sachverhalt?

- [ ] a Der Spieler hat einen Ball in Bewegung geschlagen und damit gegen Regel 14-5 (Spielen eines Balls in Bewegung) verstoßen und zieht sich 2 Schläge zu.
- [x] b Der Spieler hat nicht gegen Regel 14-5 verstoßen, weil die Bewegung des Balls während des Rückschwungs begann. Aber der Spieler erhält einen Strafschlag dafür, dass er gegen Regel 18-2b verstoßen hat, indem er einen Ball in Ruhe beim Ansprechen bewegt hat.

Frage 18

Bei einem Zählspiel liegen zwei Bälle dicht beieinander auf dem Grün. Spieler A markiert die Lage seines Balls und nimmt ihn auf. Kurz darauf lässt er ihn versehentlich fallen und der Ball trifft den Ball des Mitbewerbers B, der dadurch bewegt wird.
Wie ist zu entscheiden?

☐ a A hat B's Ball bewegt und erhält einen Strafschlag. Dass die Bewegung unabsichtlich verursacht wurde, ist unerheblich.

☒ b Alle bleiben straffrei, aber B muss seinen Ball an die ursprüngliche Stelle zurücklegen.

Frage 19

Ein Spieler macht einen Übungsschwung und bewegt dabei versehentlich seinen Ball.
Wie entscheiden Sie?

☒ a Der Spieler hat seinen Ball in Ruhe bewegt und erhält einen Strafschlag nach Regel 18-2a. Der so bewegte Ball muss an die ursprüngliche Stelle zurückgelegt werden.

☐ b Der Spieler hat einen Schlag ausgeführt, ob er nun den Ball treffen wollte oder nicht und muss seinen Ball von dort weiter spielen, wo er zur Ruhe gekommen ist.

Frage 20

Wer erstellt den verbindlichen deutschen Regeltext?

☒ a Der Deutsche Golf Verband e. V.

☐ b Die European Golf Association (EGA)

☐ c Der Greenkeeper Verband Deutschland e. V.

Frage 21

Der Ball eines Spielers liegt auf dem Grün. Als er puttet, trifft sein Ball den Fuß des Caddies eines Mitbewerbers, der aus Unachtsamkeit über die Puttlinie geht. Wie ist zu entscheiden?

- ☐ a Der Ball muss von der Stelle weitergespielt werden, wo er zur Ruhe gekommen ist. Keinerlei Strafe fällt an.
- ☒ b Der Schlag (Putt) muss annulliert und von der ursprünglichen Stelle wiederholt werden. Keine Strafe.
- ☐ c Der Ball in Bewegung wurde abgelenkt (aufgehalten). Dies ist ein Verstoß gegen Regel 19 und somit erhält der Mitspieler 2 Strafschläge, weil er für alle Handlungen seines Caddies verantwortlich ist.

☑
☐

Frage 22

In welchem Rhythmus werden die Golfregeln überarbeitet?

- ☒ Vier Jahre
- ☐ Sechs Jahre
- ☐ Zwei Jahre

☐
☑

Frage 23

Ein Spieler schlägt seinen Ball ins „Aus". Er nimmt einen anderen Ball aus seiner Tasche und legt ihn auf den Boden. Der Mitspieler macht ihn nun darauf aufmerksam, dass er den Ball hätte fallen lassen müssen. Wie sollte der Spieler regelkonform weiterverfahren?

- ☐ a Der Ball hätte fallen gelassen werden müssen; dennoch war er nach dem Hinlegen im Spiel. Der Spieler muss seinen Fehler berichtigen und sich einen Strafschlag als Folge des Verstoßes gegen Regel 20 anrechnen.
- ☒ b Der Spieler muss den hingelegten Ball aufnehmen und regelkonform an der Stelle fallen lassen, wo er den letzten Ball gespielt hatte. Dieses Verfahren ist straffrei.

☐
☑

☑
☐

Frage 24

Wird ein Ballmarker (Gegenstand zum Markieren der Lage des Balls auf dem Grün, z. B. Münze) vom Spieler versehentlich bewegt, so ist dies nur dann straflos, wenn die Bewegung des Ballmarkers unmittelbar auf die Handlung von Hinlegen oder Zurücklegen zurückzuführen ist. Allerdings muss der Ballmarker vor dem Schlag an die ursprüngliche Stelle zurückgelegt werden. Ist diese Feststellung

- [x] Richtig
- [ ] Falsch

Frage 25

Wie sollte jemand vor der Gefährdung durch einen Golfball gewarnt werden?

- [ ] a Laut „Vorsicht" rufen!
- [x] b Sofort und laut „Fore" rufen!

Frage 26

Wenn eine Spielergruppe das Grün erreicht hat, wo sollten die Spieler ihre Golftaschen ablegen oder ihre Trolleys abstellen?

- [ ] a Möglichst nahe ihren Bällen; also auch auf dem Grün. So wird Zeit gespart.
- [x] b Auf der Seite vom Grün, die zum nächsten Abschlag zeigt.

Frage 27

Vor einem Wettspiel beobachtet ein Mitbewerber, wie ein Spieler auf dem Übungsgrün den Ball ständig nach Crocket-Art spielt, d. h., er steht während des Puttens beiderseits der Spiellinie hinter dem Ball. Der Mitbewerber geht zum Mitspieler und sagt ihm, dies wäre nach den Regeln nur in Ausnahmefällen erlaubt. Würde er immer auf diese Weise putten, bekäme er zwei Strafschläge.

- [x] Richtig
- [ ] Falsch

Frage 28

Der Ball eines Spielers liegt im Bunker. Der Spieler hebt eine im Bunker liegende Harke auf, wobei er den Sand mit der Hand berührt und geht zu seinem Ball. Dort legt er die Harke und drei mitgenommene Schläger im Sand ab, wobei er wiederum den Sand leicht mit dem Handrücken berührt. Erlauben die Regeln solche Handlungen?

- [X] Ja
- [ ] Nein

Frage 29

Ein Spieler hat nach 13 Löchern alle seine Bälle verloren. Darf er sich Bälle von seinen Mitbewerbern ausleihen?

- [X] a Ja, nur das Ausleihen von Schlägern ist verboten
- [ ] b Nein, ein Spieler muss sich so auf die Runde vorbereiten, dass er sie ohne fremde Hilfe mit Ausnahme eines Caddies beenden kann.

Frage 30

Ein Spieler verstößt gegen eine Regel und trägt zu seiner Entschuldigung vor, diese Regel sei ihm vollkommen unbekannt und wenn er sie gekannt hätte, wäre es nicht zu dem Regelverstoß gekommen. Deshalb dürfte er auch nicht für den Verstoß bestraft werden.

- [ ] Richtig
- [X] Falsch

Frage 31

Ein Spieler ist auf der Startliste als dritter einer Gruppe um 10.00 Uhr angesetzt. Um 10.02 Uhr trifft der Spieler am Abschlag ein und ist sehr verärgert, als er vom Starter mitgeteilt bekommt, dass er disqualifiziert sei, weil er gegen Regel 6-3a verstoßen habe. Der Spieler entgegnet, da der zweite Mitspieler aus der Gruppe noch nicht abgeschlagen habe, könne er nicht zu spät für seinen Start am Abschlag erschienen sein, da er doch erst als dritter Spieler abzuschlagen hätte. Die Ausschreibung zum Wettspiel enthielt nicht die Festlegung, dass ein Spieler, der spielbereit innerhalb von fünf Minuten nach seiner Abspielzeit am Ort seines Starts eintrifft, für Versäumen der Abspielzeit statt mit Disqualifikation mit zwei Strafschlägen bestraft wird.
Wie entscheiden Sie?

☑ / ☐

☐ a Der Spieler ist rechtzeitig zu seinem Abschlag erschienen und die Mitteilung des Starters war nicht korrekt.

☒ b Die Mitteilung des Starters war korrekt.

☑ / ☐

Frage 32

Etiketteverstöße sind zwar ärgerlich, aber eine Strafe dafür ist in den Regeln nicht vorgesehen.

☐ Richtig

☒ Falsch

☐ / ☑

Frage 33

Der Ball eines Spielers landet nach seinem Abschlag im hohen Rough. Nachdem alle Mitspieler ihre Abschläge ausgeführt haben, setzt der Spieler einen anderen Ball auf ein Tee und erklärt: „Der könnte verloren sein. Ich schlage noch einen nach." Dieser Ball landet gut sichtbar mitten auf dem Fairway. Nach einer Suche von zwei Minuten wird der ursprüngliche Ball gefunden und der Spieler bittet einen Mitspieler, den anderen Ball auf dem Fairway aufzunehmen. Darf der Spieler seinen ursprünglichen Ball weiterspielen?

- [ ] Ja — Der Ball wurde innerhalb der erlaubten Suchzeit gefunden und aus der Ankündigung für den zweiten Ball war zu entnehmen, dass es ein provisorischer Ball sein sollte.
- [x] Nein — Zwar wurde der ursprüngliche Ball innerhalb der erlaubten Suchzeit gefunden und wäre im Spiel geblieben, wenn der Spieler korrekt den zweiten Ball ausdrücklich vor dem Schlag als provisorischen Ball angekündigt hätte.

Frage 34

Am ersten Abschlag weist der Starter die Spieler darauf hin, dass wasserfeste Stifte bereitlägen, um die Bälle individuell kennzeichnen zu können. Ein Spieler verzichtet auf die Kennzeichnung mit dem Hinweis, die Regel verlange dies nicht und er würde seinen Ball schon wieder finden. Die Meinung des Spielers ist:

- [x] Richtig
- [ ] Falsch

Frage 35

Bei einem Zählspiel beobachtet ein Spieler, wie einer seiner Mitspieler den Ball auf falsche Weise droppt. Er erklärt nun dem Mitspieler, wie ein Ball regelkonform fallen zu lassen sei. Diese Regelhilfe quittiert der Mitspieler mit dem Satz: „Das ist aber eine Belehrung, um die ich nicht gebeten habe. Deshalb müssen Sie sich zwei Strafschläge hinzurechnen."

- [ ] Richtig
- [x] Falsch

Frage 36

Der Ball eines Spielers liegt dicht an einem Auspfosten und behindert den Schwung des Spielers, der ihn daraufhin herauszieht. Ist dies gestattet?

☐ Ja

☒ Nein

Frage 37

Am ersten Grün angekommen, stellt die Spielergruppe fest, dass Tau das ganze Grün bedeckt und es ist zu vermuten, dass das Putten sehr erschwert sein wird. Die Spieler diskutieren darüber, ob sie den Tau von ihrer Puttlinie entfernen dürfen. Ist das Entfernen von Tau auf der Puttlinie erlaubt?

☐ Ja

☒ Nein

Frage 38

Der Spieler kann eine Person ermächtigen, an seiner Stelle den Ball fallen zu lassen.

☐ Ja

☒ Nein

Frage 39

Der Ball von A liegt nahe der Puttlinie von B, der A auffordert, seinen Ball zu markieren und aufzunehmen, weil dieser ihn mental behindere. Darf B das Aufnehmen fordern?

☒ Ja

☐ Nein

Frage 40

Auf dem Fairway ist der Ball eines Spielers in sein eigenes Einschlagloch eingedrungen. Der Spieler nimmt den Ball auf und reinigt ihn. Anschließend misst er eine Schlägerlänge von der Einschlagstelle aus und lässt seinen Ball innerhalb dieser Abmessung und nicht näher zum Loch fallen. Ist dies zulässig?

☐ Ja

☒ Nein

Frage 41

Ein Spieler erklärt seinen Ball für unspielbar. Er hebt seinen Ball auf und lässt ihn korrekt innerhalb zweier Schlägerlängen fallen. Der Ball trifft zunächst auf einen Stein und danach springt er gegen das Bein des Spielers. Welche Folgen hat der Vorfall?

☐ a Der Spieler muss sich zwei Strafschläge anrechnen, weil sein Ball in Bewegung abgelenkt wurde.

☐ b Der Spieler darf den Stein beseitigen und seinen Ball straflos an dessen Stelle legen.

☒ c Berührt der Ball den Spieler, bevor oder nachdem er am Boden auftrifft, so muss der Ball erneut fallen gelassen werden.

Frage 42

Nach Beendigung des Wettspiels gibt der Spieler seine Zählkarte ab, auf der er ein Gesamtergebnis ermittelt und eingetragen hat, das niedriger als das tatsächliche Ergebnis ist. Der Spieler befürchtet nun, dass ihn die Spielleitung aus diesem Grund disqualifiziert.
Ist seine Sorge berechtigt?

☐ Ja

☒ Nein

Frage 43

Ein Spieler schlägt seinen Ball in Richtung auf ein Wasserhindernis. Der Ball trifft im Fluge eine Baumgruppe, die um den Teich herumsteht. Der Boden um das Hindernis herum ist mit dichtem Gebüsch und hohem Gras bewachsen. Nach kurzer Suche nach dem Ball verkündet der Spieler, der Ball müsse wohl im Teich gelandet sein, und er wolle nun nach Regel 26 (Erleichterung für Ball im Wasserhindernis) verfahren.
Darf unter den geschilderten Umständen Regel 26 angewandt werden?

☐ Ja

☒ Nein

Frage 44

Manche Bunker haben in ihrer Mitte mit Gras bewachsene Inseln. Sind solche Inseln Bestandteil des Bunkers?

☐ Ja

☒ Nein

Frage 45

In der Nähe eines Balls im Bunker liegen verschiedene Gegenstände. Welchen davon darf der Spieler nicht straflos aufnehmen?

☐ a Harke

☒ b Bananenschale

☒ c Zigarettenschachtel

Frage 46

Man kann immer wieder Spieler beobachten, die vor dem Putt im Verlauf des Ansprechens des Balls ihren Putter vor den Ball und damit auf ihre Puttlinie stellen. Obwohl dies eine Berührung der Puttlinie bedeutet, ist dies in den Regeln erlaubt.

- [x] Richtig
- [ ] Falsch

Frage 47

Ein Ball gilt als bewegt, wenn er

- [ ] a zunächst aus seiner Lage rollt, aber dann an seinen ursprünglichen Ort zurückkehrt;
- [x] b seine Lage verlässt und an einem anderen Ort zur Ruhe kommt.

Was ist richtig?

Frage 48

Wann hat ein Spieler den Ball angesprochen?
Wenn er

- [ ] a seinen Schläger für den Schlag ausgerichtet und aufgesetzt hat;
- [ ] b seine Standposition eingenommen hat, d. h., wenn er seine Füße in Stellung gebracht hat;
- [x] c sowohl Standposition bezogen als auch seinen Schläger aufgesetzt hat, es sei denn, er befindet sich in einem Hindernis, wo ein Spieler den Ball bereits mit Beziehen der Standposition angesprochen hat.

Frage 49

Ein Spieler darf sein Spiel unterbrechen, wenn er sich durch Blitze gefährdet sieht. Diese Entscheidung erlaubt ihm, seine Spielergruppe zu verlassen und Schutz zu suchen.

- [x] Richtig
- [ ] Falsch

Frage 50

Ein Spieler, der darauf wartet, dass er das Grün anspielen kann, macht einen Übungsschlag und bewegt dabei seinen Ball. Welche Folgen hat dies für ihn?

- [ ] a Ob er nun den Ball treffen wollte oder nicht, er hat einen Schlag ausgeführt und muss den Ball von dort weiterspielen, wo er zur Ruhe gekommen ist.
- [x] b Der Spieler hatte nicht die Absicht, den Ball zu treffen. Damit hat er keinen Schlag im Sinne der Definition „Schlag" ausgeführt. Gleichwohl hat er den Ball unerlaubt bewegt, wofür er einen Strafschlag erhält und den Ball an die ursprüngliche Stelle zurücklegen muss.

Frage 51

Wasserhindernisse müssen stets auch Wasser enthalten.

- [ ] Richtig
- [x] Falsch

Frage 52

Ein Ball liegt in einem Wasserhindernis, wenn er darin liegt oder die Hindernisgrenze mit irgendeinem Teil berührt.

- [x] Richtig
- [ ] Falsch

Frage 53

Erdgänge grabende Tiere im Sinne der Regeln leben in einem Bau, den sie zur Unterkunft oder zum eigenen Schutz anlegen.

- [x] Richtig
- [ ] Falsch

Frage 54

Ob ein Ball in einem Wasserhindernis liegt oder nicht, trifft einzig und allein der Spieler selbst, weil er für seinen Ball nach Regel 6-5 verantwortlich ist.

- [ ] Richtig
- [x] Falsch

Frage 55

Ein Ball liegt spielbar in einem Wasserhindernis, aber der Schlag ist durch einen roten Markierungspfosten behindert. Kurz entschlossen zieht der Spieler den Pfosten heraus und bezieht Standposition, als ein Mitspieler ihm zuruft, er habe sich soeben zwei Strafschläge zugezogen.

- [ ] Richtig
- [x] Falsch

Frage 56

Ein Spieler schlägt seinen Ball in einen seitlich gelegenen Teich, dessen Grenzen mit roten Pfosten gekennzeichnet sind, die am Kopf grüne Farbkappen haben. Was bedeutet dies?

☐ a Der Teich ist als *seitliches Wasserhindernis* gekennzeichnet. Die grünen Kappen kennzeichnen ihn zudem als Wasserreservoir für die Platzberegnung.

☐ b Die grünen Kappen weisen darauf hin, dass der Ball auch in einer Dropping-Zone fallen gelassen werden darf, wenn der Spieler Erleichterung in Anspruch nehmen will.

☒ c Die grünen Kappen kennzeichnen das Hindernis als ein geschütztes Biotop, für das die zuständige Behörde ein Betretungsverbot aus Gründen des Umweltschutzes verhängt hat.

Frage 57

Starker Dauerregen hat das Spiel sehr langsam gemacht. Als eine Spielergruppe den nächsten Abschlag erreicht, wartet dort noch die vorausgehende Gruppe darauf, abschlagen zu dürfen.
Dürfen die Spieler während der Wartezeit eine nahe gelegene Schutzhütte aufsuchen?

☒ Ja

☐ Nein

Frage 58

Ein Ball liegt auf dem Grün. Als der Spieler die Lage seines Balls markiert, bemerkt er, dass auf seiner Puttlinie einige kleine Blätter liegen. Der Spieler nimmt seinen Putter und fegt die Blätter vorsichtig beiseite, ohne dabei irgendetwas niederzudrücken.
Dürfen lose hinderliche Naturstoffe auf diese Weise entfernt werden?

☒ Ja

☐ Nein

Frage 59

Spieler A hat seinen Ball in ein Wasserhindernis geschlagen. Der Ball liegt gut sichtbar aber eingeklemmt zwischen zwei Schilfstängeln im trockenen Teil des Teiches. Spieler A erklärt nun seinen Ball für unspielbar. Spieler B ist damit nicht einverstanden. Welche Lösung ist richtig?

- [ ] a Ein Spieler darf seinen Ball überall auf dem Platz für unspielbar erklären und er allein darf diese Entscheidung treffen.
- [x] b Ein in einem Wasserhindernis liegender Ball darf nicht für unspielbar erklärt werden. Der Spieler muss nach Regel 26 verfahren.

Frage 60

Ein Ball ist in tiefes Rough eingeschlagen. In der Nähe steht ein Zuschauer und hat dies beobachtet. Er führt den Spieler zum vermuteten Fundort. Nach kurzer Suchzeit wird tatsächlich ein tief im Gras steckender Ball gesichtet. Was darf der Spieler, um den Ball zu identifizieren?

- [ ] a Der Spieler darf keinerlei Handlungen in unmittelbarer Nähe des Balls vornehmen. Spielt er den Ball und es ist ein falscher Ball, so ist dies sein Risiko und er muss sich zwei Strafschläge dafür anrechnen.
- [x] b Um einen Ball identifizieren zu können, darf der Spieler das hohe Gras zur Seite biegen, aber nur in dem dafür notwendigen Ausmaß. Dabei darf keine Verbesserung der Lage des Balls, seines Stands oder des Raums seines beabsichtigten Schwungs oder seiner Spiellinie eintreten.

Frage 61

Beim Abschlagen trifft ein Spieler seinen Ball nicht. Vor seinem zweiten Schlag tritt er unmittelbar hinter seinen Ball und presst das Gras nieder. Ist dies erlaubt?

- [x] Ja
- [ ] Nein

Frage 62

Ein Ball liegt an einem Schutzzaun, der ein unbewegliches Hemmnis ist. Der Spieler nimmt den Ball auf und ermittelt korrekt den Bereich, wo er straflos seinen Ball droppen muss. Bevor er nun den Ball fallen lässt, fegt er vorsichtig einige Zweige und Blätter aus der Fläche beiseite, wo er seinen Ball fallen lassen muss. Die Folge ist eine Diskussion darüber, ob diese Handlung zulässig war oder nicht.
Welche Regelauslegung ist richtig?

☐ ☑

- ☐ a Nach Regel 13-2 darf der Spieler die Lage des Balls nicht verbessern. Indem er die Zweige und Blätter entfernte, hat er gegen Regel 13-2 verstoßen und erhält zwei Strafschläge.
- ☒ b Regel 13-2 nennt explizit, welche Handlungen nicht erlaubt sind. Die angesprochene ist nicht darunter und somit ist die fragliche Handlung zulässig.

Frage 63

Der Abschnitt „Etikette“ fordert vom Spieler zügiges Spiel. Dennoch sollte nach einem verborgenen Ball zunächst die volle Suchzeit von fünf Minuten ausgenutzt werden, bevor die nachfolgende Gruppe zum Überholen aufgefordert werden Sollte. Der Grund ist, dass ein Überholvorgang häufig zur Verwirrung und anschließend langsamen Spiel führt.

☐ ☑

- ☐ Richtig
- ☒ Falsch

Frage 64

Balleinschlaglöcher (Pitchmarken) auf dem Grün dürfen nur dann auf der Spiellinie ausgebessert werden, wenn sich der Ball ebenfalls auf dem Grün befindet.

- ☐ Richtig
- ☒ Falsch

☑ ☐

Frage 65

Ein Spieler nimmt straflose Erleichterung von einem unbeweglichen Hemmnis im Semirough. Als er den Ball regelkonform fallen lässt, springt der Ball hart im Semirough auf und rollt etwa 1,5 Schlägerlängen weit auf das kurz geschnittene Fairway. Der Spieler ist unsicher, wie er sein Spiel fortsetzen darf und die Mitspieler haben dazu unterschiedliche Meinungen. Welche Lösung ist richtig?

☐ a Ein Spieler darf sich keinen Vorteil durch Verbesserung der ursprünglichen Lage verschaffen. Deshalb muss der Ball erneut gedroppt werden und er muss anschließend auch im Semirough zur Ruhe kommen. Tut er dies auch beim zweiten Mal nicht, muss der Ball an die Stelle gelegt werden, wo er beim zweiten Droppen das erste Mal auf den Boden traf. ☐

☒ b Der Ball ist korrekt fallen gelassen worden und dann in eine für den Spieler günstigere Lage gerollt. Der Spieler hat Glück gehabt und der Ball ist im Spiel. ☑

Frage 66

Ein Ball ist in ein Wasserhindernis geflogen. Am Kreuzungspunkt der Flugbahn mit der Hindernisgrenze findet der Spieler zwei Bälle in spielbarer Lage. Um herauszufinden, welcher sein Ball ist, markiert er einen und hebt ihn auf, nachdem er seine Mitspieler zuvor über seine Absicht informiert hat. Der Spieler stellt fest, dass es sich um seinen Ball handelt und legt ihn zurück. Wie beurteilen Sie diesen Sachverhalt?

☐ a Der Spieler darf seinen Ball, wie überall auf dem Platz, auch im Wasserhindernis identifizieren. Dies ist auf regelkonforme Weise geschehen und deshalb bleibt der Spieler straffrei. ☑

☒ b Liegt ein Ball in einem Wasserhindernis, so darf er nicht identifiziert werden. Für den Bruch von Regel 12-2 erhält der Spieler einen Strafschlag. ☐

Frage 67

Ein Spieler schlägt an einem Par-3-Loch seinen Abschlag in hohes Rough seitlich vom Grün. Nachdem alle anderen Spieler abgeschlagen haben, kündigt er korrekt seine Absicht an, einen provisorischen Ball zu schlagen, der dicht am Loch zur Ruhe kommt. Ohne nach seinem ersten Ball zu suchen, geht der Spieler zügig zum Grün, nimmt die Fahne aus dem Loch und schlägt den Ball ins Loch. Danach nimmt er seinen Ball aus dem Loch und steckt die Fahne zurück. Ein Mitspieler ist mit diesem Vorgehen nicht einverstanden und befragt die Spielleitung. Wie ist zu entscheiden?

- [ ] a Der Spieler muss die Suchzeit von fünf Minuten ausnutzen, um seinen Ball zu finden. Außerdem spielt der Spieler außerhalb der Reihenfolge. Sollte der ursprüngliche Ball gefunden werden, war der eingelochte Ball „falscher Ball" und der Spieler erhielte zwei Strafschläge und müsste seinen Fehler vor dem nächsten Abschlag korrigieren, andernfalls ist er disqualifiziert.
- [x] b Der Spieler hat korrekt gehandelt und darf sich für das Loch eine 4 aufschreiben lassen.

Frage 68

An der Bar eines Golfclubs behauptet ein Spieler, er habe noch niemals einen Schlag aus einem Bunker ausgeführt, obwohl er schon oft darin gelegen habe und hätte immer eine regelkonforme Lösung gefunden. Dies wird von den Anwesenden bestritten und der Spieler erklärt den Umstehenden seine Lösung: An jedem Ort auf dem Platz darf ein Spieler seinen Ball für unspielbar erklären, nur nicht in einem Wasserhindernis. Liegt der Ball in einem Bunker, erklärt ihn der Spieler für unspielbar und verfährt danach nach Regel 28a. Dies bedeutet, er spielt einen Ball so nahe wie möglich von der Stelle, von der aus er in den Bunker geschlagen hatte. Als Grund für diese sehr ungewöhnliche Lösung nennt der Spieler seine Bunkerphobie. Ist diese Lösung richtig?

- [x] Ja
- [ ] Nein

Frage 69

Ein Spieler schlägt ab und sein Ball fliegt in Richtung einer Ausgrenze. Mit den Worten: „Der könnte im Aus sein," geht er zu seiner Tasche, holt einen anderen Ball und schlägt diesen ab. Nach drei Minuten findet er seinen Ball, der noch innerhalb des Platzes liegt. Wie muss der Spieler sein Spiel fortsetzen?

- [ ] a Die Bemerkung lässt eindeutig erkennen, dass der Spieler einen provisorischen Ball spielte. Deshalb muss der Spieler seinen ursprünglichen Ball weiterspielen und den provisorischen aufnehmen.
- [x] b Der Spieler muss unmissverständlich die Worte „provisorischer Ball" bei seiner Ankündigung benutzen oder sich ausdrücklich auf Regel 27-2 beziehen. Dies hat der Spieler unterlassen und folglich einen anderen Ball ins Spiel gebracht. Der provisorische Ball ist im Spiel und der ursprüngliche muss aufgegeben werden.

Frage 70

Während einer Runde bekommt ein Spieler gesundheitliche Probleme infolge der großen Hitze. Er informiert die Spielleitung und bittet darum, sich einen Augenblick in den Schatten legen zu dürfen. Ist eine Spielunterbrechung unter diesen Umständen erlaubt?

- [ ] a Ja
- [ ] b Nein
- [x] c Nur mit (ggf. nachträglicher) Zustimmung der Spielleitung

Frage 71

Die Spielleitung trägt den Besonderheiten und dem gegenwärtigen Platzzustand durch Platzregeln Rechnung und vor jedem Wettspiel oder freiem Spiel sollte der Spieler sich genau darüber informieren. Zwar haben die Platzregeln nur den Rang von Verhaltensnormen und sind bei Verstoß nicht mit Sanktionen belegt, aber der Spieler sollte sie dennoch peinlich einhalten, um nicht unangenehm aufzufallen.

- [ ] Richtig
- [x] Falsch

Frage 72

Es ist dem Spieler überlassen, wie viele Schläger er mit auf die Runde nehmen will. Die immer wieder genannte Anzahl von 14 ist nur eine Empfehlung und entspricht einer üblichen Auswahl aus Hölzern und Eisen.

☐ Richtig

☒ Falsch

Frage 73

Ein Ball kommt dicht an der Abschlagsmarkierung einer gegenläufigen Spielbahn zur Ruhe. Der Spieler ist durch die Markierung sowohl in der Lage seines Balls als auch im Raum seines beabsichtigten Schwungs behindert. Wie darf er sein Problem lösen?

☐ a Die Abschlagsmarkierungen gelten als befestigt, sind aber kein unbewegliches Hemmnis. Der Spieler hat Pech gehabt und er muss seinen Ball als unspielbar erklären und nach Regel 28 verfahren.

☒ b Da der Spieler hier keinen Ball zu Beginn eines Lochs in Spiel bringen will, sind die Abschlagsmarkierungen bewegliche Hemmnisse. Er setzt sein Spiel mit einer straflosen Erleichterung nach Regel 24-1 fort.

Frage 74

Wenn ein Ball in einem Wasserhindernis verloren sein könnte, darf kein provisorischer Ball gespielt werden.

☐ Richtig

☒ Falsch

Frage 75

Am Grün angekommen, bemerkt ein Spieler, dass er seinen Putter auf dem letzten Abschlag stehen gelassen hat. Der Spieler läuft die Bahn zurück und holt seinen Putter, was zu einer Spielverzögerung führt. Ist dies zulässig?

☐ Ja — Ohne seinen Putter kann der Spieler nicht regelkonform Golf spielen, weil er zum Putten einen anderen ungeeigneten Schläger nehmen müsste, der vermutlich zu Beschädigungen auf den noch zu spielenden Grüns führen würde. ☐

☒ Nein — Regel 6-7 lässt seine Handlung nicht zu und er zieht sich für diesen Verstoß eine Strafe von zwei Schlägen zu. Die Entscheidung wäre anders ausgefallen, wenn er ohne Verzögerung des eigenen Spiels sich den Putter hätte holen lassen oder seine Spielergruppe hätte aufgrund einer Verzögerung vor ihnen nicht unverzüglich weiterspielen können und das Zurückholen des Putters wäre ohne eigene Spielverzögerung erfolgt. ☑

Frage 76

Regel 20-2 fordert vom Spieler, dass er den Ball aufrecht stehend, mit ausgestrecktem Arm in Schulterhöhe fallen lassen muss. Die unterschiedlichen Körpergrößen der Spieler bleiben dabei unberücksichtigt. ☐

☒ Richtig ☑

☐ Falsch ☐

☐

☑

☐

Frage 77

Ein Spieler lässt seinen Ball in abschüssigem Gelände fallen und der Ball springt, nachdem er auf dem Boden aufgekommen ist, gegen seinen Fuß. Er hebt ihn auf und lässt ihn erneut fallen. Wieder rollt der Ball nach dem Auftreffen gegen seinen Fuß. Der Spieler hebt seinen Ball auf und legt ihn an die Stelle, wo er beim zweiten Fallenlassen den Boden zuerst berührt hatte. Bevor er den Ball spielen kann, macht ihn ein Mitspieler darauf aufmerksam, dass der Ball erneut zu droppen sei. Was ist richtig?

☐ a Der Ball muss nach dem zweiten nicht korrekten Droppen an die Stelle gelegt werden, wo er beim zweiten Mal zuerst den Boden berührte. Der Spieler hat in Übereinstimmung mit den Regeln gehandelt und muss den hingelegten Ball weiterspielen.

☒ b Der Spieler muss den Ball erneut fallen lassen und dies solange wiederholen, bis der Ball nach dem Fallenlassen nicht mehr den Spieler berührt.

Frage 78

Ein Spieler trifft mit seinem Schlag einen Mitbewerber. Was sind die Folgen?

☐ a Der Spieler hat gegen das Sicherheitsgebot verstoßen und erhält zwei Strafschläge. Der Ball muss gespielt werden wie er liegt.

☒ b Keine Strafe, aber der Ball muss gespielt werden wie er liegt.

☐ c Der Schlag muss straflos wiederholt werden.

Frage 79

Wann muss ein Ball nach dem Fallenlassen hingelegt werden?

☐ a Wenn er nach dreimaligem Droppen in eine Lage rollt, die ein erneutes Fallenlassen verlangt.

☒ b Wenn er nach zweimaligem Droppen in eine Lage rollt, die ein erneutes Fallenlassen verlangt.

☐ c Wenn er nach einmaligem Droppen in eine Lage rollt, die ein erneutes Fallenlassen verlangt.

Frage 80

Das Identifizieren ist nicht zulässig

☐ a im Boden in Ausbesserung,

☐ b an oder auf einem Hemmnis oder

☒ c in Hindernissen.

☑
☐
☐

Frage 81

An einem so genannten Dogleg, einer abknickende Spielbahn, schlägt ein Spieler seinen zweiten Schlag ins Aus. Wie muss er sein Spiel fortsetzen?

☐ a Der Spieler muss den Kreuzungspunkt der Flugbahn seines Balls mit der Ausgrenze bestimmen und dort innerhalb einer Schlägerlänge einen Ball fallen lassen. Der Spieler erhält einen Strafschlag. ☑

☒ b Der Spieler muss so nahe wie möglich der Stelle, wo er seinen zweiten Schlag gemacht hat, einen Ball mit einem Strafschlag fallen lassen und von dort weiterspielen. ☐

Frage 82

Ein Spieler schlägt einen Ball in Richtung einer Ausgrenze. Von seinem Standort kann er nicht sehen, ob der Ball ins Aus gegangen ist oder noch innerhalb des Platzes im Rough zur Ruhe gekommen ist. Der Spieler geht bis zum vermuteten Fundort seines Balls und beginnt seine Suche. Nach etwa einer Minute verkündet er, dass er zurückgehen und einen provisorischen Ball spielen werde. Wie beurteilen Sie diesen Sachverhalt?

☒ a Der Spieler darf keinen provisorischen Ball mehr spielen, nachdem er nach vorn gegangen ist. ☑

☐ b Die Suchzeit war noch nicht zu Ende und solange darf ein provisorischer Ball gespielt werden. Die Mitspieler wurden vorschriftsmäßig von der Absicht des Spielers informiert. ☐

Frage 83

Dem Deutschen Golf Verband e. V. gehören (neben den Golfclubs) wie viele Landesgolfverbände an?

- [x] a 12
- [ ] b 8
- [ ] c 16

Frage 84

Die Spielleitung darf in den Platzregeln das Spielen von Boden in Ausbesserung zur Schonung des Platzes verbieten. Wenn ein Spieler sich nicht an diese Platzregel hält, was sind die Folgen?

- [x] a Der Verstoß ist ein Bruch der Platzregel und wird mit zwei Strafschlägen geahndet.
- [ ] b Die Platzregeln sind spezielle Anforderungen an die Spieler den Platz betreffend, aber eine Bestrafung wegen Nichtbeachtung ist in den Regeln nicht enthalten.

Frage 85

Ein Ball ist zweifelsfrei in ein Wasserhindernis gerollt. Das Wasser ist an dieser Stelle nur wenige Zentimeter tief, aber der Ball ist nicht zu sehen. Der Spieler möchte ihn aber wieder finden und wenn möglich auch spielen. Darf er nach dem Ball mit dem Schläger durch Tasten lose hinderliche Naturstoffe fortbewegen, damit er den Ball überhaupt sehen kann?

- [x] Ja
- [ ] Nein

Frage 86

Hat ein Spieler im Wasserhindernis erst einmal einen Schlag nach seinem Ball ausgeführt, muss er solange spielen, bis der Ball aus dem Hindernis heraus ist oder sein Spiel abbrechen, weil er den Ball im Spiel nicht mehr einlochen kann.

- [ ] Richtig ☑
- [x] Falsch ☐

Frage 87

Ein Ball gilt als verloren, wenn er nicht innerhalb von fünf Minuten nach dem Schlag gefunden oder identifiziert wird.

- [ ] Richtig ☐
- [x] Falsch ☑

Frage 88

Ein Ball liegt dicht an der Ausgrenze, aber noch innerhalb des Platzes. Als der Spieler seinen Stand bezieht, stehen seine Füße im Aus. Darf ein Spieler außerhalb stehen, um einen Ball, der innerhalb liegt, spielen zu können?

- [x] Ja ☐
- [ ] Nein ☑

Frage 89

Ein Spieler hat seine Zählkarte abgegeben und spricht mit seinen Mitspielern bei einem Erfrischungsgetränk auf der Terrasse des Clubhauses noch einmal die gerade beendete Runde. Plötzlich fällt ihm ein, dass er an der 12. Bahn nicht eine 4 sondern eine 5 gespielt hat. Sofort geht er zur Spielleitung und bittet sie um entsprechende Korrektur. Zu seinem großen Erschrecken teilt ihm die Spielleitung mit, dass er nunmehr disqualifiziert sei. Ist die Entscheidung der Spielleitung korrekt?

- [x] Ja ☐
- [ ] Nein ☑

Frage 90

Es ist üblich, vor dem ersten Abschlag die Marke des zu spielenden Balls zu nennen. Ebenso wird verfahren, wenn der Ball durch einen anderen ersetzt wird oder ein anderer Ball gespielt wird.

- [x] Richtig
- [ ] Falsch

Frage 91

Standposition im Bunker beziehen, bedeutet:

- [ ] a Die Füße dürfen vorsichtig und ohne besonderen Druck auf den Sand gesetzt werden. Sind Bodenunebenheiten vorhanden, so dürfen sie nicht eingeebnet werden.
- [x] b Die Füße dürfen fest aufgesetzt werden, aber es darf keine Standposition hergestellt werden.

Frage 92

Welche Feststellung ist richtig?

- [ ] a Sand ist loser hinderlicher Naturstoff und darf überall auf dem Platz, nur nicht im Bunker, entfernt werden.
- [x] b Sand darf nur auf dem Grün und sonst nirgendwo sonst entfernt werden.

Frage 93

Der Ball liegt auf dem Fairway. Der Spieler spricht seinen Ball an und drückt dabei seinen Schläger so fest auf, dass der Schlägerschaft sich dabei leicht verbiegt. Darf ein Schläger beim Ansprechen mit Druck hinter den Ball gesetzt werden?

- [ ] Ja
- [x] Nein

Frage 94

Es ist die Pflicht eines jeden Spielers, für die Unterschrift des Zählers auf der Zählkarte zu sorgen.

- [x] Richtig
- [ ] Falsch

Frage 95

In einer Spielergruppe hat ein Streit über eine Regelanwendung in einem Zählspiel das Klima zwischen den Spielern derartig beeinträchtigt, dass ein Spieler diese Gruppe verlässt und sich der nachfolgenden Gruppe anschließt. Welche Folgen hat dies für den Spieler?

- [ ] a Golf ist ein Sport und sollte immer ein Vergnügen für die Spieler sein. Der Spieler durfte deshalb seine Gruppe verlassen, weil der Streit eine schlechte Stimmung erzeugt und sich nur negativ auf die Leistung aller auswirkt.
- [ ] b Der Spieler durfte seine Gruppe unter den geschilderten Umständen nicht verlassen und erhält zwei Strafschläge.
- [x] c Der Spieler hätte unter diesen Umständen in seiner ursprünglichen Gruppe bleiben müssen und wird, weil er sie verlassen und sich einer anderen Gruppe angeschlossen hat, disqualifiziert.

Frage 96

Der Ball fliegt über die Grenze eines seitlichen Wasserhindernisses und bleibt gut sichtbar in dem Graben liegen. Nachdem der Spieler entschieden hat, den Ball nicht zu spielen wie er liegt, muss nun entschieden werden, wo der Ball zu droppen ist.

- [ ] a Der Fundort des Balls bestimmt den Bereich, in dem der Ball fallen gelassen werden muss. Der Ball muss aufgenommen und, falls dies nicht möglich ist, ein anderer Ball innerhalb von zwei Schlägerlängen, nicht näher zur Fahne, fallen gelassen werden.
- [x] b Es muss der letzte Kreuzungspunkt der Flugbahn des Balls mit der Hindernisgrenze ermittelt und dieser als Bezugspunkt für die Optionen von Regel 26-1 genommen werden.

Frage 97

Hinter einem Ball auf dem Fairway befindet sich ein Wurmhaufen, der die Lage des Balls beeinträchtigt. Der Spieler ist unsicher, ob er den Wurmhaufen entfernen darf.

- ☐ a Der Spieler darf den Wurmhaufen nicht beseitigen, weil er überwiegend aus Sand besteht und Sand darf nur auf dem Grün und sonst nirgendwo entfernt werden.
- ☒ b Der Spieler darf den Wurmhaufen straflos beseitigen, weil es ein loser hinderlicher Naturstoff ist.

Frage 98

Ein Ball liegt dicht an einer hölzernen Stützwand in einem Bunker. Diese behindert sowohl den Stand des Spielers als auch den Raum des beabsichtigten Schwungs. Wie kann der Spieler regelkonform vorgehen, um aus dieser schwierigen Lage herauszukommen?

- ☐ a Liegt ein Ball in einem Bunker (Hindernis) und es besteht eine Behinderung durch ein unbewegliches Hemmnis, so erlaubt keine Regel eine straflose Erleichterung von diesem Umstand. Der Spieler muss den Ball spielen wie er liegt oder den Ball mit einem Strafschlag für unspielbar erklären.
- ☒ b Der Spieler muss den nächstgelegenen Punkt ohne Behinderung im Bunker feststellen und innerhalb einer Schlägerlänge von diesem Punkt den Ball, nicht näher zur Fahne, im Bunker fallen lassen. Der Spieler bleibt straflos.

Frage 99

Darf ein Spieler straflose Erleichterung von einem unbeweglichen Hemmnis in einem Wasserhindernis nehmen?

- ☐ Ja
- ☒ Nein

Frage 100

Verantwortlich für den englischen Originaltext der Golfregeln sind „The Royal and Ancient Golf Club of St. Andrews" (R&A) und die United States Golf Association (USGA).

- [x] Richtig
- [ ] Falsch

Frage 101

Neben den offiziellen Regeln veröffentlicht der R&A alle zwei Jahre die „Decisions on the Rules of Golf". Dieses Nachschlagewerk enthält alle Einzelentscheidungen zu den Regeln und ist damit das bestimmende Werk für die Auslegung der Regeln. Jede Einzelentscheidung hat den Rang einer Regel.

- [x] a Richtig
- [ ] b Falsch
- [ ] c Nur, wenn die Decision als Platzregel in Kraft gesetzt wurde

Frage 102

Der Ball liegt innerhalb des Platzes unmittelbar an einem Zaun, der die Ausgrenze bestimmt.
Der Spieler kann unter diesen Umständen keinen vernünftigen Schlag machen und erklärt, dass er straflose Erleichterung vom Zaun nehmen will. Ein Mitspieler erwidert ihm, dass keine straflose Erleichterung vom Zaun zulässig sei.

- [x] Richtig
- [ ] Falsch

Frage 103

Eine Behinderung im Sinne der Golfregeln durch ein unbewegliches Hemmnis liegt vor, wenn der Ball so liegt,

- [ ] a dass die Standposition des Spielers oder
- [ ] b der Raum seines beabsichtigten Schwungs durch diesen Umstand beeinträchtigt sind oder
- [x] c die Spiellinie davon betroffen ist?

Welche der Feststellungen ist grundsätzlich falsch?

Frage 104

Ein Spieler sollte sicherstellen, dass jede von ihm beschädigte oder herausgeschlagene Grasnarbe sofort wieder eingesetzt und festgetreten wird. Die von anderen Spielern hervorgerufenen Beschädigungen sind nicht zu beachten, weil ihre Reparatur nur zu einer zusätzlichen Spielverzögerung führen würde.

- [ ] Richtig
- [x] Falsch

Frage 105

Nach der Beendigung der neunten Bahn verlässt ein Spieler seine Gruppe und geht ins nahe gelegene Clubhaus, wo er sich mit einem Erfrischungsgetränk an den Tisch setzt. Die Mitspieler müssen fünf Minuten warten, bis der Spieler seinen Abschlag ausgeführt hat. Ist dieses Verhalten des Spielers zulässig?

- [ ] a Ja
- [x] b Nein
- [ ] c Nur, wenn die nachfolgende Gruppe nicht aufgehalten wurde.

Frage 106

Die ursprünglichste Regel des Golfsports lautet: Der Ball muss gespielt werden wie er liegt.

- [x] Richtig
- [ ] Falsch

Frage 107

Der Spieler hat nicht unbedingt Anspruch, seinen Ball sehen zu können, wenn er einen Schlag spielt.

- [x] Richtig
- [ ] Falsch

Frage 108

Die Identifizierung des Balls ist ausschließlich das Recht des Spielers. Deshalb muss er auch nicht seine Absicht den Mitspielern ankündigen, einen Ball identifizieren zu wollen.

- [ ] Richtig
- [x] Falsch

Frage 109

Jeder auf dem Grün liegende Ball darf aufgenommen und gereinigt werden.

- [x] Richtig
- [ ] Falsch

Frage 110

Die Ermittlung des nächstgelegenen Punktes der Erleichterung sollte so erfolgen, dass der Spieler dazu denjenigen Schläger aus seiner Tasche nimmt, mit dem er den nächsten Schlag gespielt hätte, wenn es die Behinderung dort nicht gegeben hätte.

- [x] Richtig
- [ ] Falsch

Frage 111

Ein Spieler hat seinen Ball auf einem stark geneigten Grün aufgenommen und zurückgelegt. Der Spieler betrachtet von allen Seiten seine Puttlinie und als er zum Ball gehen will, beginnt dieser sich in Richtung Fahne zu bewegen. Welche Lösung ist richtig?

- [ ] a Der Spieler muss seinen Ball an die ursprüngliche Stelle straflos zurücklegen. Tut er es nicht und spielt seinen Ball, hat er sich zwei Strafschläge für Spielen von falscher Stelle zugezogen.
- [x] b Der Ball muss von der Stelle gespielt werden, wo er nach der Bewegung zur Ruhe gekommen ist. Der Spieler bleibt straflos.

Frage 112

Ein Ball ist in einen Bunker gerollt und dort an einer Harke liegen geblieben. Der Spieler nimmt vorsichtig die Harke auf und im selben Augenblick rollt der Ball einige Zentimeter weg. Wie darf der Spieler weiterspielen?

- [ ] a Der Spieler hat die Bewegung durch die Wegnahme der Harke verursacht und muss den Ball mit einem Strafschlag an die ursprüngliche Stelle zurücklegen.
- [x] b Der Ball muss an die ursprüngliche Stelle zurückgelegt werden. Der Spieler bleibt ohne Strafe.
- [ ] c Der Spieler muss den Ball straflos von der neuen Stelle spielen

Frage 113

Ein Spieler lässt seinen Ball innerhalb zweier Schlägerlängen korrekt an einem seitlichen Wasserhindernis fallen. Nach dem Auftreffen rollt der Ball mehr als eine, aber weniger als zwei Schlägerlängen und nicht näher zum Loch, eine Böschung hinab. Der Spieler geht zu seinem Ball und schlägt ihn. War dies regelkonform?

- [x] Ja
- [ ] Nein

Frage 114

Ein Ball liegt in einem Bunker dicht an einer Zigarettenkippe und einem Tannenzapfen. Bei beiden Gegenständen handelt es sich um lose hinderliche Naturstoffe, die straflos entfernt werden dürfen.

- [ ] Richtig
- [x] Falsch

Frage 115

Liegt ein Ball in einem seitlichen Wasserhindernis, darf ein Spieler seinen Ball auch auf der gegenüberliegenden Seite des Wasserhindernisses fallen lassen. Hierbei muss er gedanklich einen Kreisbogen um die Fahne mit einem Radius ziehen, der der Entfernung zwischen Fahne und Kreuzungspunkt der Flugbahn des Balls mit der Hindernisgrenze entspricht. Wo dieser Kreisbogen das andere Ufer schneidet, ist der Bezugspunkt zum Abmessen der zwei Schlägerlängen.

- [x] Richtig
- [ ] Falsch

Frage 116

Ein Spieler schlägt seinen Ball an einer Spielbahn ab, die über eine Hügelkuppe führt. Der Spieler kann seinen Ball nicht landen sehen. Weil er den Platz zum ersten Mal spielt und nicht weiß, was sich hinter dem Hügel befindet, schlägt er nach entsprechender Ansage einen provisorischen Ball. Als die Spieler alles übersehen können, stellen sie fest, dass kurz hinter dem Hügel ein Graben quer über die Spielbahn führt. Die Bälle der Mitbewerber liegen ebenso mitten auf dem Fairway wie der provisorische Ball. Der erste Ball ist nicht zu finden, obwohl die Ränder des Grabens von kurz geschnittenem Gras umgeben sind. Auch sind keinerlei Büsche im Uferbereich. Der Spieler erklärt nun, dass alle Anzeichen dafür sprechen, dass der ursprüngliche Ball im Graben ist und er deshalb nach Regel 26 einen anderen Ball ins Spiel bringen werde. Darf der Spieler unter den geschilderten Umständen einen anderen Ball nach Regel 26 ins Spiel bringen, obwohl er schon einen provisorischen Ball gespielt hatte?

- [x] Ja
- [ ] Nein

Frage 117

Wasserhindernisse und seitliche Wasserhindernisse müssen in ihren Grenzen nicht gekennzeichnet sein, wenn die Grenzen von vornherein einwandfrei feststehen. Sind sie jedoch gekennzeichnet, so ist Gelb die Farbe für Wasserhindernisse und Rot für seitliche Wasserhindernisse.

- [x] Richtig
- [ ] Falsch

Frage 118

Der Zweck eines provisorischen Balls ist es, Zeit zu sparen.

- [x] Richtig
- [ ] Falsch

Frage 119

Gar nicht so selten trifft ein auf dem Fairway geschlagener Ball einen anderen dort liegenden Ball. In diesem Fall:

- [x] a muss der getroffene Ball zurückgelegt werden und der geschlagene Ball muss gespielt werden wie er liegt.
- [ ] b muss der getroffene Ball gespielt werden wie er liegt, und der geschlagene Ball straflos wiederholt werden.
- [ ] c müssen beide Bälle gespielt werden, wie sie liegen, aber der Spieler des getroffenen Balls zieht sich einen Strafschlag zu, da er seinen Ball nicht markiert und aufgenommen hatte.

Frage 120

Zwei Freunde sind gemeinsam in einer Spielergruppe. Auf dem 17. Grün puttet A und B stoppt den Ball mit dem Fuß, nachdem er das Loch passiert hat, damit er nicht in einen Bunker rollt. Was sind die Folgen dieser unüberlegten Handlung?

- [x] a A muss seinen Schlag wiederholen und B wird disqualifiziert.
- [ ] b Der Spieler hatte keinen Einfluss auf die Handlung von B. Somit wird er nicht bestraft, muss seinen Schlag aber wiederholen. B erhält zwei Strafschläge.

Frage 121

Ein Spieler verzögert das Spiel einer Gruppe ständig dadurch, dass er unvorbereitet auf seine Schläge weit weg von seinem Ball die Schläge seiner Mitbewerber beobachtet. Die Gruppe verliert den Anschluss an die vorausgehende Spielergruppe und die nachfolgenden Gruppen müssen häufig warten. Keiner der Mitbewerber macht den langsamen Spieler darauf aufmerksam, dass er der Hauptverursacher der Verzögerung ist, weil sie der Überzeugung sind, dass sie für das langsame Spiel keine Verantwortung tragen.

- [ ] Richtig
- [x] Falsch

Frage 122

Ein Spieler hat seinen Ball vom Abschlag in einen tiefen Topfbunker geschlagen. Weil er weiß, dass seine Bunkerschläge selten erfolgreich sind, erklärt er seinen Ball für unspielbar. Der Spieler nimmt seinen Ball auf und lässt ihn auf der Linie Balllage – Fahne, nicht näher zur Fahne, außerhalb des Bunkers fallen. Ist dieses Verfahren zulässig?

- [ ] Ja
- [x] Nein

Frage 123

Der Spieler erklärt seinen in einem Busch liegenden Ball für unspielbar und droppt ihn korrekt. Der Ball springt auf und rollt anschließend in den Busch zurück in eine sehr schlechte Lage. Der Ball ist weder mehr als zwei Schlägerlängen von seinem Auftreffpunkt und auch nicht näher zur Fahne liegen geblieben. Wie entscheiden Sie?

- [x] a Als der Ball fallen gelassen wurde, war er im Spiel. Keiner der genannten Gründe für ein erneutes Fallenlassen ist erfüllt. Der Spieler muss erneut entscheiden, ob er den Ball spielt wie er liegt oder erneut mit einem zusätzlichen Strafschlag für unspielbar erklärt.
- [ ] b Der Spieler hat bereits einen Strafschlag hinnehmen müssen, als er seinen Ball für unspielbar erklärte. Ein weiterer Strafschlag wäre eine unbillige Härte und somit darf der Spieler seinen Ball aufnehmen und straflos erneut fallen lassen, weil der Ball nach dem zweiten Droppen in gleiche Umstände wie beim ersten Mal gerollt ist.

Frage 124

Ein Spieler erscheint zehn Minuten nach seiner festgesetzten Abschlagszeit. Die anderen Mitspieler seiner Mitspieler seiner Gruppe haben pünktlich abgeschlagen. Der Starter teilt dem Spieler mit, dass ihn die Wettspielleitung disqualifiziert hat. Die Entscheidung ist:

- [x] Richtig
- [ ] Falsch

Frage 125

Ein Bewerber setzt seinen Ball knapp vor der Abschlagslinie auf und schlägt ab. Ein Mitbewerber macht den Spieler darauf aufmerksam, dass dies im Zählspiel zwei Strafschläge zur Folge habe. Was ist richtig?

- [ ] a Der abgeschlagene Ball ist der Ball im Spiel und muss zu Ende gespielt werde. Da sich der Spieler keinen wesentlichen Vorteil verschafft hat, bleibt er straflos.
- [ ] b Der Schlag zählt, aber der Spieler muss den Fehler korrigieren und auf korrekte Weise erneut abschlagen. Strafe kommt nicht hinzu.
- [x] c Der Spieler muss seinen Fehler beheben und von zulässiger Stelle abspielen. Der unzulässige erste Abschlag zählt nicht, aber der Spieler muss seiner Schlagzahl mit dem korrekt ins Spiel gebrachten Ball zwei Schläge hinzurechnen.

Frage 126

In einem Zählspiel hebt ein Mitbewerber den Ball eines Spielers ohne Ermächtigung auf. Wie entscheiden Sie?

- [ ] a Der Mitbewerber erhält einen Strafschlag, weil er ohne Ermächtigung den Ball eines Mitbewerbers aufgenommen hat.
- [ ] b Kein Mitspieler darf den Ball eines Mitbewerbers jemals berühren oder aufnehmen. Für das unerlaubte Aufnehmen erhält der Mitbewerber zwei Strafschläge.
- [x] c Der Mitbewerber muss den aufgenommenen Ball an die ursprüngliche Stelle zurücklegen. Spieler und Mitbewerber bleiben straflos.

Frage 127

Der Ball eines Spielers liegt ca. einen Meter hinter einem Deckel der Beregnungsanlage. Der Spieler fühlt sich mental durch das unbewegliche Hemmnis beeinträchtigt und fragt den Mitspieler, ob er straflos Erleichterung in Anspruch nehmen darf.

- [ ] Ja
- [x] Nein

Frage 128

Starker Regen hat den Platz aufgeweicht. Der Ball eines Spielers hat sich in das Fairway gebohrt und wird nach kurzer Suche gefunden. Wie darf das Spiel fortgesetzt werden?

☐ a Der Ball muss gespielt werden wie er liegt, zumal die Spielleitung nicht mit „Besserlegen" spielen lässt. Wenn der Spieler den Ball aus dieser Lage nicht spielen kann oder will, darf er ihn mit einem zusätzlichen Schlag für unspielbar erklären und nach Regel 28 verfahren.

☒ b Der Spieler darf den Ball aufnehmen und möglichst nahe an der ursprünglichen Lage, nicht näher zur Fahne, fallen lassen. Der so aufgenommene Ball darf gereinigt werden.

☐ c Nach solchem starken Regen darf der Spieler seinen Ball immer besser legen, wenn er aufgrund der Nässe schlecht liegt.

Frage 129

Ein Ball liegt zwischen zwei aus dem Boden ragenden Wurzeln. Ein Schlag in Richtung Fahne erscheint nicht möglich, aber zur Seite kann der Ball ohne besondere Probleme gespielt werden. Nach kurzer Überlegung entscheidet der Spieler, den Ball für unspielbar zu erklären. Ein Mitspieler ist mit dieser Entscheidung nicht einverstanden und fordert den Spieler auf, den Ball zu spielen wie er liegt. Wie beurteilen Sie diesen Sachverhalt?

☒ a Der Mitspieler hat kein Recht, bei der Entscheidung des Spielers in irgendeiner Weise mitwirken zu dürfen. *„Ob ein Ball unspielbar ist, unterliegt einzig und allein der Entscheidung des Spielers."* Regel 28. Die Intervention des Mitbewerbers hat für ihn aber noch eine unerwartete Konsequenz: Er hat den Spieler in seinem Spiel beeinflussen wollen und damit gegen Regel 8-1 (Belehrung) verstoßen, weil er eine bestimmte, nicht durch eine Regel erforderliche Spielweise verlangt hat und dies ist eindeutig eine Belehrung. Der Mitbewerber zieht sich zwei Schläge zu. Der Spieler bleibt ohne Strafe.

☐ b Der Mitspieler hat das Recht zu intervenieren, weil es offensichtlich ist, dass der Spieler nach dem Erleichterungsverfahren (ein Strafschlag) einen wesentlich einfacher zu spielenden Schlag machen kann. Der Spieler hat sich einen Vorteil verschafft und muss, da er den Ball in der Folge von falschem Ort zu spielen gedenkt, sich zwei Strafschläge anrechnen lassen.

Frage 130

Boden in Ausbesserung wird unterschiedlich gekennzeichnet, in einigen Golfclubs mit blauen Pfählen und blauen Linien, in anderen mit weißen Linien. Die Regeln schreiben keine Farbe für die Kennzeichnung vor, aber es ist inzwischen üblich, überwiegend blaue Pfähle oder weiße Linien für diesen Zweck zu benutzen. Ebenfalls weiß werden auch die Ausgrenzen des Platzes gekennzeichnet.

- [x] Richtig
- [ ] Falsch

Frage 131

Ein Spieler hat seinen Ball in hohes Gras geschlagen und kann ihn auch nach sorgfältiger Suche nicht finden. Daraufhin lässt er einen Ball in dem Bereich fallen, wo sein ursprünglicher Ball verloren gegangen ist und spielt ihn. Wie ist zu entscheiden?

- [ ] a Der Spieler muss sich einen Strafschlag für den Verlust des ursprünglichen Balls anrechnen. Der andere Ball durfte fallen gelassen werden und weil der Spieler sich durch die sehr schwierige Lage dieses Balls nach dem Droppen keinen Vorteil verschafft hat, kommt keine weitere Strafe hinzu.
- [x] b Der Spieler muss unter Anwendung von Regel 27-1 an die Stelle zurück, wo er den verlorenen Ball zuletzt gespielt hat und dort mit einem Strafschlag einen anderen Ball durch Fallenlassen ins Spiel bringen (Schlag und Distanz). Der von ihm gespielte Ball wurde von falscher Stelle gespielt und dies hat zusätzliche zwei Strafschläge zur Folge. War der Verstoß schwerwiegend, weil der Spieler sich einen Vorteil durch den Gewinn an Distanz verschafft hat, ist der Spieler zu disqualifizieren. Diese Disqualifikation kann der Spieler nur verhindern, indem er seinen Fehler behebt und von richtiger Stelle spielt.

Frage 132

Ein Spieler nimmt straflose Erleichterung von einem Weg in Anspruch, der mit Kies bestreut ist. Zur Ermittlung des nächstgelegenen Punktes der Erleichterung simuliert er einen Schlag mit dem Eisen 7. Nachdem er den Ball fallen gelassen hat, entscheidet sich aber der Spieler nun mit Holz 5 sein Spiel fortzusetzen. Ist dies zulässig?

- [x] Ja
- [ ] Nein

Frage 133

Wird ein Ball aufgenommen, weil ein Spieler Erleichterung von einem unbeweglichen Hemmnis in Anspruch nimmt, darf der Ball

- [ ] a nicht gereinigt werden;
- [x] b gereinigt werden;
- [ ] c nur im notwendigen Ausmaß gereinigt werden, um ihn zu identifizieren.

Frage 134

Manche Gräben sind die meiste Zeit ohne Wasser. Enthalten sie jedoch einmal Wasser, so bezeichnet man sie als zeitweiliges Wasser.

- [ ] a Richtig
- [x] b Falsch
- [ ] c Nur wenn es keine künstlichen Gräben sind

Frage 135

Ein Ball liegt auf einer trockenen Stelle innerhalb eines Wasserhindernisses. Der Spieler macht einen schlechten Schlag und der Ball landet im tiefen Wasser. In der Spielergruppe gehen die Meinungen darüber weit auseinander, wie der Spieler aus dieser Situation herauskommen kann. Welche Lösung ist richtig?

☐ a Für den Spieler ist an dieser Stelle sein eigenes Spiel beendet, weil er seinen Ball in eine Lage geschlagen hat, wo er nicht mehr gespielt werden kann. Somit hat der Spieler keinen Ball im Spiel und er darf keinen neuen Ball einsetzen, weil das Erleichterungsverfahren nach Regel 26 nur angewandt werden darf, bevor ein Schlag nach einem Ball im Wasserhindernis ausgeführt wird.

☒ b Der Spieler darf, obwohl er bereits einen Schlag im Wasserhindernis gemacht hat, das Erleichterungsverfahren nach Regel 26-1 anwenden und außerhalb des Hindernisses einen Ball droppen.

☐ c Der Spieler muss straflos an der Stelle einen Ball im Hindernis droppen, an der er seinen letzten Schlag gemacht hatte. Sein Schlag und evtl. weitere Schläge im Hindernis sind bereits Strafe genug für ihn.

Frage 136

Ein Spieler markiert seinen Ball und hebt ihn auf. Obwohl er ihn anschließend an die markierte Stelle zurückzulegen hat, lässt er den Ball fallen. Nun ist der Spieler unsicher, ob er ohne Strafe seinen Fehler beheben darf. Welche Lösung ist richtig?

☐ a Der Ball ist im Spiel und damit nur durch erneutes Aufnehmen an die richtige Stelle zu legen. Das erneute Aufnehmen ist ein Verstoß gegen Regel 18-2 (Ball in Ruhe bewegt durch Spieler) und hat einen Strafschlag zur Folge.

☒ b Der Spieler muss den Fehler straflos beheben.

Frage 137

Wenn in den Regeln von Erleichterung oder Erleichterungsverfahren die Rede ist, dann handelt es sich um straflose Erleichterung für den Spieler.

- [ ] Richtig
- [x] Falsch

Frage 138

Ein Extra Day Score ist eine Privatrunde, in der ein Spieler nach vorheriger Anmeldung und Zulassung durch seinen Heimatclub vorgabenwirksam spielen kann. Es gibt Einschränkungen, wer solche Runden spielen darf.

- [x] a Richtig
- [ ] b Falsch
- [ ] c Ein Pro kann solche Runden immer zählen

Frage 139

Die Schlagzahl für ein Loch sollte noch auf dem Grün in die Zählkarte eingetragen werden, weil dies Zeit spart und die einzelnen Schläge leichter zu erinnern sind.

- [ ] Richtig
- [x] Falsch

Frage 140

Der Ball eines Spielers liegt zwar innerhalb des Platzes, aber so dicht an einem Auspfosten, dass ein vernünftiger Schlag praktisch ausgeschlossen ist. Darf der Spieler den Pfosten zur Seite biegen oder ihn herausziehen, damit er seinen Schlag überhaupt ausführen kann?

- [ ] Ja
- [x] Nein

Frage 141

Der Ball gilt als eingelocht, wenn er zwischen Fahne und Lochkante eingeklemmt ist, selbst wenn sich dabei ein Teil des Balls noch oberhalb der Lochkante befindet.

- [ ] Richtig
- [x] Falsch

Frage 142

Der Spieler muss seinen Ball innerhalb des Abschlags aufsetzen, wobei er selbst aber außerhalb stehen darf.

- [x] Richtig
- [ ] Falsch

Frage 143

Jeder Spieler hat für seine eigene Sicherheit selbst zu sorgen. Es ist ausreichend, wenn er durch den Warnruf „Fore" andere Personen vor herumfliegenden Golfbällen warnt.

- [ ] Richtig
- [x] Falsch

Frage 144

Die Lage eines Balls, der aufgenommen und zurückgelegt werden soll, muss vorher markiert werden. Der Spieler sollte die Münze oder den Ballmarker möglichst dicht hinter den Ball legen.

- [x] a Richtig
- [ ] b Falsch
- [ ] c Der Ball darf sich auf keinen Fall bewegen, wenn der Ballmarker dahinter gelegt wird.

Frage 145

Hemmnis ist alles Künstliche auf dem Platz. Dazu zählen:

- [ ] a mit Kies oder Holzchips bestreute Wege;
- [ ] b Schutzhütten und Ballwascher;
- [x] c alle Bunker.

Eine der Antworten beschreibt kein Hemmnis. Welche ist es?

Frage 146

An einem Par-3-Loch schlägt ein Spieler seinen Ball vom Abschlag in ein dichtes Gebüsch neben dem Grün. Der Spieler schlägt einen provisorischen Ball und dieser landet dicht an der Fahne. Ohne nach seinem ursprünglichen Ball zu suchen, geht der Spieler zu seinem provisorischen Ball, markiert ihn und hebt ihn auf. Inzwischen haben die Mitspieler im Gebüsch einen Ball entdeckt und fordern den Spieler auf, diesen Ball zu identifizieren. Die Suchzeit von fünf Minuten ist zu diesem Zeitpunkt noch nicht abgelaufen. Auf welche Weise darf der Spieler sein Spiel fortsetzen?

- [ ] a Durch das Markieren und Aufnehmen des provisorischen Balls hat der Spieler deutlich gemacht, dass er seinen ursprünglichen Ball aufgegeben hat und den provisorischen Ball zu Ende spielen will. Der Spieler ist nicht verpflichtet, nach seinem ursprünglichen Ball zu suchen.
- [x] b Der Spieler muss den im Busch liegenden Ball inspizieren und feststellen, ob es der ursprüngliche Ball ist. Wenn dies der Fall ist, muss er den provisorischen Ball aufgeben und das Spiel mit dem ursprünglichen Ball fortsetzen. Ist dies nicht möglich, muss der Spieler seinen Ball für unspielbar erklären und sein Spiel mit einem Strafschlag nach Regel 28 fortsetzen.

Frage 147

Ein Spieler schlägt einen provisorischen Ball vom Abschlag, weil sein ursprünglicher Ball im hohen Rough verloren sein könnte. Nach kurzer Suche wird sein ursprünglicher Ball durch Zufall tief im dichten Gras und damit in sehr schlechter Lage gefunden. Der Spieler hebt ihn auf und geht nach vorn zu seinem auf dem Fairway liegenden provisorischen Ball. Ein Mitspieler fragt nun, wie dies zu verstehen sei und hört vom Spieler, dass er seinen ursprünglichen Ball aufgegeben habe und nun den provisorischen Ball spielen wolle.
Wie beurteilen Sie diesen Sachverhalt?

☒ a Nachdem der ursprüngliche Ball innerhalb der Suchfrist von fünf Minuten gefunden und auch kein Schlag nach dem provisorischen Ball ausgeführt wurde, ist der ursprüngliche Ball nach wie vor im Spiel. Somit hat der Spieler den Ball im Spiel aufgehoben. Dies darf er aber nur unter Anwendung einer zutreffenden Regel. Die zutreffende Regel ist Regel 28 (Ball unspielbar) und der Spieler darf nun eine der Optionen von Regel 28 nutzen. Der provisorische Ball muss aufgegeben werden.

☐ b Der Spieler darf den provisorischen Ball weiterspielen, weil es keinen zählbaren Unterschied macht, ob der Spieler einen provisorischen Ball spielt, der Ball im Spiel wird oder gleich einen anderen Ball spielt. Beide Bälle hätten jeweils ein Ergebnis von drei Schlägen zur Folge.

Frage 148

Unter dem Abschnitt „Etikette" sind die Bekleidungsrichtlinien für den Golfplatz zusammengefasst.

☐ Richtig

☒ Falsch

Frage 149

Nach einem missglückten Abschlag liegt der Ball auf dem Grün der benachbarten Bahn. Der Spieler weiß zwar, dass er den Ball zur Schonung des Grüns aufnehmen muss, aber wo und wie er sein Spiel fortsetzen darf, weiß er nicht.

- [ ] a Der Spieler muss seinen Ball innerhalb von zwei Schlägerlängen von der Grenze des Grüns, nicht näher zur Fahne, fallen lassen.
- [x] b Der Spieler muss den nächstgelegenen Punkt ohne Behinderung außerhalb des Grüns ermitteln und ausgehend von diesem Punkt seinen Ball innerhalb einer Schlägerlänge, nicht näher zur Fahne, fallen lassen. Die Behinderung ist nur auf die Balllage beschränkt und gilt nicht für den Stand oder Raum des beabsichtigten Schwungs.

Frage 150

Ein Ball ist in den weichen Untergrund im Semirough eingedrungen. Der Spieler kann durch den anhaftenden Schmutz keine individuelle Kennzeichnung sehen und somit nicht entscheiden, ob es sich um seinen Ball handelt. Er hebt, nach vorheriger Ankündigung, seinen markierten Ball auf. Der Schmutz bedeckt nahezu den gesamten Ball und auch jetzt ist keine Kennzeichnung zu sehen. Der Spieler macht einen ratlosen Eindruck und so ruft ihm ein Mitspieler zu: „Du darfst soviel vom Dreck entfernen, wie es zum Identifizieren notwendig ist." Ist diese Regelauskunft richtig?

- [x] a Richtig
- [ ] b Falsch
- [ ] c Es ist der Mitspieler, der den Ball identifizieren muss.

Frage 151

Ein Spieler spielt in einem Wettspiel ein Hole-in-One (As). Dafür darf ein Sonderpreis ausgesetzt werden, der wie folgt beschrieben werden kann:

- [ ] a Das Amateurstatut schränkt nicht ein, was für Preise für ein Hole-in-One ausgesetzt und angenommen werden dürfen.
- [x] b Ein Club darf auch für ein Hole-in-One nur Preise aussetzen, die einen Einzelhandelswert von 750 Euro nicht überschreiten.
- [ ] c Ein Spieler darf solche Preise nur in nicht vorgabenwirksamen Spielen annehmen.

Frage 152

Das Amateurstatut in den Golfregeln bestimmt, wie ein Spieler sich verhalten muss, um als Golfamateur zu gelten. Diese Aussage

- [x] a ist richtig und gilt uneingeschränkt
- [ ] b gilt nur bei vorgabenwirksamen Wettspielen
- [ ] c trifft nur für Pros zu.

Frage 153

Ein Spieler fährt zu einem Wettspiel auf einem fremden Platz. Er hat am Tag vorher auf einem anderen Platz an einem Wettspiel teilgenommen und seine Vorgabe unterspielt. Er muss

- [x] a beachten, dass er auf die aktuelle Unterspielung hinweist und ggf. seine neue Vorgabe auf der Zählkarte einträgt, da man in dem anderen Golfclub vielleicht nichts davon weiß.
- [ ] b abwarten, ob die Unterspielung schon in Kraft gesetzt wurde, indem sie von einem Club zum anderen durch das DGV-Intranet übertragen werden.
- [ ] c stets mit der Vorgabe im Wettspiel antreten, mit der er sich angemeldet hatte.

Frage 154

Ein Spieler mit einer Clubvorgabe (–37 bis –54) möchte endlich eine DGV-Stammvorgabe (–36,0 oder besser) erlangen. Was muss er beachten?

- [x] a Seine erste DGV-Stammvorgabe muss in einem Wettspiel erspielt werden.
- [ ] b Die Runde, in der er seine erste DGV-Stammvorgabe erlangt, muss von einem Pro gezählt werden.

Frage 155

Spieler A beobachtet in einem Wettspiel, dass Spieler B in seiner Spielergruppe versehentlich einen Regelverstoß begeht. Wie soll Spieler A sich verhalten?

☐ a Um den Ablauf des Wettspiels nicht zu stören, wartet er die Siegerehrung ab und bespricht den Fall anschließend mit der Spielleitung.

☐ b Er beendet erst einmal in Ruhe die Runde, gibt die Scorekarte ab und spricht Spieler B anschließend im Clubhaus auf seinen Regelverstoß an.

☒ c Er weist Spieler B schnellstmöglich und freundlich darauf hin, dass die Regeln seiner Meinung nach ein anderes Verfahren vorsehen als das von Spieler B angewandte. Wenn Spieler B Spieler A zustimmt, kann ein schwerwiegenderer Verstoß vermieden werden, indem der Regelverstoß sofort korrigiert wird. Wenn beide sich über die richtige Vorgehensweise nicht einig sind, wird nicht weiter diskutiert, sondern vor der Abgabe der Scorekarte die Spielleitung um eine Entscheidung gebeten.

Frage 156

Ein Spieler mit einer DGV-Stammvorgabe 35,4, der auf seinem Heimatplatz mit einer Spielvorgabe 35 antritt, meldet sich zu einem Wettspiel auf einem fremden Platz an. Dort sieht er, dass man ihm eine DGV-Spielvorgabe 37 auf die Zählkarte gedruckt hat. Was soll er tun?

☐ a Er weist den Club freundlich darauf hin, dass seine Spielvorgabe 35 ist. Schließlich will er sich keinen Vorteil verschaffen.

☒ b Er freut sich über die zusätzlichen Vorgabenschläge, die er auf diesem Platz erhält, da dieser offenbar schwerer ist und offenbar höhere Course-Rating- und Slope-Werte hat als sein Heimatplatz.

☐ c Er reklamiert ganz empört, dass er sich aus den Clubvorgaben schon lange unterspielt habe und nicht mit einer so schlechten Vorgabe starten will.

Frage 157

Zwei Spieler mit einer DGV-Stammvorgabe –36,0 unterhalten sich. Der eine behauptet, seine DGV-Stammvorgabe –36,0 sei besser als die des anderen Spielers, da er sie von den gelben (mittleren) Herrenabschlägen erspielt habe, während der andere Spieler diese Vorgabe in einem Wettspiel von den blauen (vorderen) Herrenabschlägen erspielt habe, von denen der Platz 350 Meter kürzer sei. Hat er recht?

☒ a Nein. Der Spieler auf den vorderen Abschlägen hat ja auch weniger Vorgabenschläge auf seiner Runde erhalten wie der Spieler von den gelben Abschlägen. Die daraus anschließend errechnete DGV-Stammvorgabe besagt nichts über die Schwierigkeit des Platzes, auf dem sie gespielt wurde.

☐ b Ja, denn er hat die Leistung auf einem längeren Platz erbracht. Der Spieler hätte gar nicht von den blauen Abschlägen spielen dürfen, weil er noch kein Senior ist.

Frage 158

Ein Spieler vergisst nach der Runde, seine Scorekarte zu unterschreiben und gibt die Karte bei der Spielleitung bzw. im Sekretariat ab. Nachdem der Spieler das Sekretariat wieder verlassen hat und mit den anderen Wettspielteilnehmern im Clubhaus sitzt, wird dieses Versehen festgestellt. Was kann die Spielleitung tun?

☒ a Sie kann nichts tun, der Spieler hat die Karte abgegeben und jede Änderung (incl. des Nachholens einer fehlenden Unterschrift) ist unzulässig. Der Spieler ist disqualifiziert.

☐ b Der Spieler wird ins Sekretariat gebeten, damit er die Unterschrift nachholen kann.

Frage 159

Wer entscheidet bei einer Regelfrage auf der Runde, wie verfahren werden soll, wenn die Spielleitung oder ein Platzrichter nicht erreichbar ist?

- [x] a Der Spieler
- [ ] b Sein Zähler
- [ ] c Die ganze Spielergruppe gemeinsam

Frage 160

Die Spielleitung eines Wettspiels ist sich nicht einig darüber, wie in einem Regelfall entschieden werden soll. Wer ist bei ungeklärten Regelfragen die nächste offizielle Instanz, die der Spielleitung eine Entscheidung vorgibt?

- [ ] a Der Spielführer oder Clubmanager
- [ ] b Der Pro
- [ ] c Der Vorstand des Golfclubs
- [x] d Der Regelausschuss des Deutschen Golf Verbandes

Lösungen

Lösung 1

Richtig.

Abschnitt I Spieltempo

Auf diese Weise soll ein Stau verhindert werden, damit nicht in einer Kettenreaktion alle nachfolgenden Gruppen unter einer langsam spielenden zu leiden haben. **E**

Lösung 2

Richtig.

Abschnitt I Schonung des Golfplatzes

Die Beschädigung des Platzes durch Übungsschwünge mit Bodenkontakt ist auf dem ganzen Platz zu unterlassen. Dies gilt insbesondere für die Abschlagsflächen. Viele Clubs machen durch Aushang darauf aufmerksam und drohen bei Zuwiderhandlungen mit Platzverweis. **E**

Lösung 3

Falsch.

Abschnitt I Schonung des Golfplatzes

Die eigene Pitchmarke und andere Pitchmarken in der Nähe müssen sorgfältig und sofort ausgebessert werden, weil diese Beschädigungen nachträglich nur mit großem Aufwand behoben werden können. Mit Hilfe einer Pitchgabel, unentbehrlicher Teil der Ausrüstung, wird der Boden rund um die Einschlagstelle zunächst ausreichend tief aufgelockert, dann angehoben und vorsichtig so nach innen gedrückt, dass die Rasenfläche wieder vollständig geschlossen ist. Danach wird die Stelle mit der Sohle des Putter-Kopfes sorgfältig durch Druck geglättet. **E**

Lösung 4

Richtig.

Regel 20-7.b.

Die Feststellung, ob das Spielen von falschem Ort ein schwerwiegender Verstoß ist, trifft die Spielleitung. „Ein schwerwiegender Verstoß liegt dann vor, wenn ein Spieler anders als den Regeln entsprechend verfährt, und sich dabei nach Auffassung der Spielleitung entweder einen bedeutsamen Vorteil verschafft oder einen nicht unerheblichen Distanzgewinn erzielt, ohne einen Schlag gespielt zu haben."

(Anmerkung 1 zu Regel 20-7c) **R 2**

E = Etikette · A = Allgemein · R 1 = leichte Regelfrage · R 2 = mittelschwere Regelfrage · R 3 = schwere Regelfrage

Lösung 5

Nein.

Auf der Puttlinie dürfen nur lose hinderliche Naturstoffe aufgenommen werden. Tau und Reif gelten in den Regeln nicht als lose hinderliche Naturstoffe und dürfen deshalb auch nicht von der Spiellinie entfernt werden. Tut es ein Spieler, zieht er sich zwei Strafschläge zu.

Regel 16-1a(I); Erklärung „Lose hinderliche Naturstoffe" und vgl. Regel 23

R 1

Lösung 6

Richtig.

„Fore!" ist der richtige und übliche Warnruf in einer solchen Situation und er wird auf der ganzen Welt verstanden. Er bedeutet „Achtung" und ist...*„the golfer´s warning".*

E

Lösung 7

Lösung b.

„Beim Spielen eines Lochs darf der Spieler die Oberfläche des Grüns nicht dadurch prüfen, dass er einen Ball rollt oder die Oberfläche aufraut oder aufkratzt."

Regel 16-1d

R 2

Lösung 8

Falsch.

Nur für einen Bunker ist dieses Verfahren richtig.

Regel 24-2b

Liegt ein Ball jedoch in einem Wasserhindernis oder seitlichem Wasserhindernis, darf der Spieler keine straflose Erleichterung von einem unbeweglichen Hemmnis in Anspruch nehmen.

Regel 24-2.b

R 3

Lösung 9

Falsch.

„Ein Spieler sollte gewährleisten,...dass alle durch Einschlag eines Balls hervorgerufenen Schäden auf dem Grün sorgfältig behoben werden."

Abschnitt I Schonung auf dem Golfplatz

E

Lösung 10

Richtig.

Das Prinzip der Rücksichtnahme ist das vorherrschende im *Abschnitt I Etikette Verhalten auf dem Platz* in den Golfregeln.

E

E = Etikette · A = Allgemein · R 1 = leichte Regelfrage · R 2 = mittelschwere Regelfrage · R 3 = schwere Regelfrage

Lösung 11

Lösung b.

„Fällt ein Ball, der nicht im Spiel ist, vom Tee oder wird er vom Spieler beim Ansprechen vom Tee gestoßen, so darf er straflos wieder aufgesetzt werden." Regel 11-3 und s. *Erklärung Ball im Spiel: Ein Ball ist „im Spiel", sobald der Spieler auf dem Abschlag einen Schlag ausgeführt hat.* Der Spieler hatte keinen Schlag ausgeführt; folglich war der Ball nicht im Spiel. **R 1**

Lösung 12

Falsch.

„Vor Verlassen eines Bunkers sollte der Spieler alle von ihm verursachten Unebenheiten und Fußspuren sorgfältig einebnen."
Abschnitt I Schonung auf dem Golfplatz
Jeder Spieler soll den Platz so hinterlassen, wie er ihn vorgefunden hat, damit alle Bewerber unter möglichst gleichen Bedingungen spielen können. Das Gebot der sportlichen Fairness hat hier Vorrang vor dem Spieltempo. **E**

Lösung 13

Falsch.

Diese Forderung gilt auch für das freie Spiel. Somit gilt grundsätzlich: Stets zügig spielen und nicht das Spiel von anderen verzögern. Die Spielleitung hat das Recht, Richtzeiten für die Vollendung einer Runde oder einer Halbrunde festzusetzen. In Wettspielen darf die Spielleitung auch Richtzeiten für die Vollendung eines Lochs oder für die Ausführung eines Schlags vorgeben, wie es gängige Praxis bei Verbandswettspielen und Profiturnieren ist. **E**

Lösung 14

Lösung c.

Die Golfregeln; Abschnitt I, Sicherheit **E**

Lösung 15

Richtig.

Wenn sich Spieler und Zähler nicht über das richtige Verfahren einig sind, so soll der Spieler handeln, wie er es für richtig hält und anschließend gemeinsam mit dem Zähler die Spielleitung zu einer möglichen Strafe befragen. Der Spieler hat im Zählspiel auch die Möglichkeit, das Loch nach Regel 3-3 mit zwei Bällen zu beenden, was er vorher ankündigen muss, einschließlich der Meinung, welcher Ball zählen soll. In diesem Fall **muss,** auch bei scheinbar gleichem Ergebnis mit beiden Bällen, immer die Spielleitung informiert werden.
Regeln; Abschnitt II Erklärung Zähler **R 3**

E = Etikette · A = Allgemein · R 1 = leichte Regelfrage · R 2 = mittelschwere Regelfrage · R 3 = schwere Regelfrage

Lösung **16**

Falsch.

„Ein Ball gilt als bewegt, wenn er seine Lage verlässt und anderswo zur Ruhe kommt." Somit hat sich ein Ball bewegt, wenn er auch nur 1 Millimeter von seiner ursprünglichen Lage zur Ruhe kommt. Nicht bewegt im Sinne der Regeln hingegen hat sich ein Ball, der hin- und herrollt und dann in seiner vorherigen ursprünglichen Lage zur Ruhe kommt. **R 1**

Lösung **17**

Lösung b.

„Beginnt sich der Ball erst zu bewegen, nachdem der Spieler den Schlag oder den Rückschwung seines Schlägers zum Schlag begonnen hat, so hat er sich nach dieser Regel keine Strafe für Spielen eines Balls in Bewegung zugezogen, ist aber nicht befreit von Strafe, die er sich zugezogen hat nach der Regel – Ball in Ruhe bewegt sich nach Ansprechen – Regel 18-2b"

Regel 14-5

„Bewegt sich der Ball im Spiel eines Spielers, nachdem er ihn angesprochen hat (ausgenommen infolge eines Schlags), so gilt der Ball als vom Spieler bewegt, und er zieht sich einen Strafschlag zu. Der Ball muss zurückgelegt werden, es sei denn, die Bewegung des Balls tritt ein, nachdem der Spieler seinen Schlag oder den Rückschwung zum Schlag begonnen hat, und er den Schlag dann macht."

Regel 18-2b **R 3**

Lösung **18**

Lösung b.

„Wird des Spielers Ball durch einen Mitbewerber, dessen Caddie oder dessen Ausrüstung bewegt, berührt oder verursachen diese, dass er sich bewegt, so ist das straflos. Wird der Ball dabei bewegt, muss er zurückgelegt werden."

Regel 18-4

Der aufgenommene Ball war Ausrüstung.

Erklärung Ausrüstung Anmerkung **R 3**

Lösung **19**

Lösung a.

„Schlag ist die Vorwärtsbewegung des Schlägers, ausgeführt in der Absicht, ehrlich nach dem Ball zu schlagen und ihn zu bewegen."

Regeln Erklärung Schlag

Bei einem Übungsschwung fehlt die Absicht, den Ball treffen zu wollen. Somit erfüllt dieser Sachverhalt nicht die Anforderung der Regeln für einen Schlag. Dennoch erlaubt keine Regel, den Ball auf diese Weise zu bewegen und folglich hat der Spieler gegen Regel 18-2a(I) verstoßen und erhält einen Strafschlag. **R 2**

E = Etikette · A = Allgemein · R 1 = leichte Regelfrage · R 2 = mittelschwere Regelfrage · R 3 = schwere Regelfrage

Lösung **20**

Lösung a. **A**

Lösung **21**

Lösung b.

„Wird ein Ball in Bewegung nach einem auf dem Grün gespielten Schlag durch nicht zum Spiel Gehöriges abgelenkt oder aufgehalten, das sich bewegt oder lebt,...so müssen der Schlag für ungültig erklärt, der Ball zurückgelegt und der Schlag wiederholt werden."

Regel 19-1b

Der Caddie des Mitbewerbers ist *„nicht zum Spiel"* gehörig.

Regeln Erklärung Nicht zum Spiel gehörig. **R 2**

Lösung **22**

Vier Jahre. **A**

Lösung **23**

Lösung b.

Der Ball ist nach dem Hinlegen im Spiel, aber der Spieler darf nach Regel 20-6 seinen Fehler straflos beheben, indem er den hingelegten Ball, bevor er einen Schlag ausführt, aufnimmt und regelkonform droppt.

Regel 20-6 **R 2**

Lösung **24**

Richtig.

Wird ein Ball oder ein Ballmarker beim Aufnehmen des Balls nach einer Regel oder beim Kennzeichnen seiner Lage versehentlich bewegt, so muss der Ball bzw. der Ballmarker zurückgelegt werden. Dies ist straflos, sofern das Bewegen von Ball oder Ballmarker unmittelbar auf die eigentliche Handlung von Kennzeichnen der Lage oder Aufnehmen des Balls zurückzuführen ist."

Regel 20-1

Die Regel verlangt eine sehr enge räumliche Beziehung, die ohne Strafe bleibt. So bleibt ein Spieler straffrei, der zur Kennzeichnung der Lage seines Balls den Ballmarker mit der Sohle seines Putters niederdrückt und am Grünrand bemerkt, dass die Münze noch an seinem Putter klebt.

Entscheidungen zu den Golfregeln *„Decisions" Ent. 20-1/6*

Ist ein Spieler versehentlich beim Markieren der Lage seines Balls auf die Münze getreten und am Grünrand stellt er fest, dass die Münze an seiner Schuhsohle haftet, so hat er sich einen Strafschlag zugezogen.

Ebenda, Ent. 20-1/5.5 **R 1**

Lösung **25**

Lösung b.

Regeln Abschnitt I Sicherheit

„Fore" ist der weltweit bekannte Warnruf, auch als „golfer's warning" bezeichnet und bedeutet „Achtung". **E**

Lösung **26**

Lösung b.

Der direkte Weg zum nächsten Abschlag führt dann nach Beendigung des Lochs unmittelbar an den Taschen vorbei und zugleich sehen nachfolgende Spieler sofort, wann das Grün frei ist. Das Abstellen der Golfausrüstung auf dem Grün verbietet sich allein schon durch die dabei wahrscheinlich verursachten Schäden. **E**

Lösung **27**

Richtig.

„Der Spieler darf auf dem Grün keinen Schlag aus einer Standposition spielen, bei der er beiderseits der Puttlinie einschließlich der Verlängerung hinter dem Ball steht..."

Regel 16-1e, aber Entscheidung 16-1e/2 **R 3**

Lösung **28**

Ja.

Regel 13-4 Ausnahme 1 und siehe auch *Ent. 13-4/20* **R 1**

Lösung **29**

Lösung a.

Nirgendwo in den Regeln wird bestimmt, woher ein Spieler seine Bälle bekommt. **R 1**

Lösung **30**

Falsch.

„Der Spieler ist dafür verantwortlich, dass ihm die Regeln und die Bedingungen, nach denen das Wettspiel ausgetragen wird, bekannt sind."

Regel 6-1

Die Golfregeln sind nicht in erster Linie dafür da, bewusste Regelverstöße zu bestrafen, sondern vor allem, um Versehen und Irrtümer zu behandeln. Auch hier gilt: Unwissenheit schützt nicht vor Strafe. **R 1**

E = Etikette · A = Allgemein · R 1 = leichte Regelfrage · R 2 = mittelschwere Regelfrage · R 3 = schwere Regelfrage

Lösung 31

Lösung b.

„Der Spieler muss zu der von der Spielleitung angesetzten Zeit abspielen."
Regel 6-3a
„Alle Bewerber einer Spielergruppe müssen zu der von der Spielleitung angesetzten Abspielzeit anwesend und abspielbereit sein. Die Spielfolge ist unerheblich."
Ent. 6-3a/2 **R 1**

Lösung 32

Falsch.

Im Falle eines schwerwiegenden Verstoßes gegen die Etikette kann die Spielleitung einen Spieler nach Regel 33-7 disqualifizieren.
Außerdem kann ein Golfclub bei entsprechender Schwere der Verstöße, geeignete disziplinarische Maßnahmen gegen einen Spieler verhängen, wenn dieser wiederholt gegen Richtlinien der Etikette verstößt. Solche Maßnahmen können z. B. aus einem Spielverbot auf dem Platz für eine gewisse Zeit oder in einer Sperre für eine Anzahl von Wettspielen bestehen. **E**

Lösung 33

Nein.

Der ursprüngliche Ball war nicht mehr „Ball im Spiel", weil der Spieler nicht eindeutig seine Absicht, einen provisorischen Ball spielen zu wollen, den Mitspielern angekündigt hatte. Dieses muss entweder durch den ausdrücklichen Bezug auf Regel 27-2 oder die Worte „provisorischer Ball" geschehen. Dass der Spieler vermutlich den zweiten Ball in diesem Sinne gespielt hatte, ist unerheblich.
Regel 27-2; Ent. 27-2a/1 **R 2**

Lösung 34

Richtig, aber leichtsinnig.

Regel 6-5 schreibt zwar die individuelle Kennzeichnung nicht zwingend vor, aber empfiehlt sie dringend. Fehlt die individuelle Kennzeichnung, besteht die Gefahr, dass ein gefundener Ball nicht zugeordnet werden kann und damit als verloren betrachtet werden muss. Herstellername, Nummer und Balltyp reichen häufig nicht aus, weil viele Golfer Bälle gleichen Typs vom selben Hersteller spielen. **R 1**

Lösung **35**

Falsch.

Die Unterrichtung über die Regeln ist keine Belehrung, denn *„Belehrung" ist jede Art von Rat oder Anregung, die einen Spieler in seiner Entscheidung über sein Spiel, die Schlägerwahl oder die Art der Ausführung eines Schlags beeinflussen könnte."*

Regeln Abschnitt II Erklärung **R 3**

Lösung **36**

Nein.

Auspfosten gelten als befestigt und dürfen nicht bewegt werden. Das Herausziehen des Pfostens war ein Verstoß gegen Regel 13-2 und wird mit zwei Strafschlägen geahndet. **R 2**

Lösung **37**

Nein.

Die Puttlinie darf unter anderem nur beim Entfernen von losen hinderlichen Naturstoffen berührt werden. Tau gilt aber nicht als loser hinderlicher Naturstoff und folglich wäre die Entfernung von Tau auf der Puttlinie ein unerlaubtes Berühren der Puttlinie und damit ein Verstoß gegen Regel 13-1a und würde mit zwei Schlägen bestraft.

Erklärung Lose hinderliche Natusstoffe; Regel 16-1a **R 2**

Lösung **38**

Nein.

„Wird der Ball von jemand anders oder auf andere Weise fallen gelassen und dieser Fehler nicht nach Regel 20-6 berichtigt, so zieht sich der Spieler einen Strafschlag zu."

Regel 20-2a **R 2**

Lösung **39**

Ja.

Regel 22-2 erlaubt dem Spieler, jeden Ball, der sein Spiel behindert, aufnehmen zu lassen. Dabei ist es ohne Bedeutung, ob die Behinderung nur psychisch oder physisch ist.

Regel 22-2 und Ent. 22/1 **R 3**

E = Etikette · A = Allgemein · R 1 = leichte Regelfrage · R 2 = mittelschwere Regelfrage · R 3 = schwere Regelfrage

Lösung **40**

Nein.

Der Spieler durfte seinen Ball aufnehmen und reinigen. Aber der Ball musste nach Regel 25-2 so nahe wie möglich und nicht näher zum Loch fallen gelassen werden. Der gewählte Abstand war eindeutig zu groß und der Spieler kann eine Strafe nur vermeiden, wenn er den Ball erneut droppt und dies auf richtige Weise.

Regel 25-2 **R 2**

Lösung **41**

Lösung c.

Unter den geschilderten Umständen muss der Ball erneut fallen gelassen werden.

Regel 20-2a **R 2**

Lösung **42**

Nein.

„Für das Zusammenzählen der Schlagzahlen und die Anrechnung der auf der Zählkarte eingetragenen Vorgabe ist die Spielleitung verantwortlich."

Regel 6-6d Anmerkung 1 **R 1**

Lösung **43**

Nein.

„Um den Ball als in dem Hindernis verloren zu behandeln, müssen berechtigte Anzeichen dafür vorliegen, dass er sich darin befindet. Fehlt es an solchen Anzeichen, so muss der Ball unter Anwendung von Regel 27 als verloren behandelt werden."

Regel 26-1

Die Umstände, Gebüsch und hohes Gras, legen nahe, dass der Ball auch darin und nicht im Hindernis verloren sein könnte. Die Annahme des Spielers, dass sich der Ball im Wasserhindernis befinde, ist unter diesen Umständen unhaltbar und der Spieler muss den Ball als verloren ansehen.

s. Ent. 26-1/1 **R 3**

Lösung **44**

Nein.

„Grasbewachsener Boden angrenzend an einen oder in einem Bunker einschließlich aufgeschichteter Grassoden (gleich ob grasbewachsen oder nicht) ist nicht Bestandteil des Bunkers."

Regeln Erklärung Bunker

Liegt ein Ball auf einer solchen Insel, darf der Spieler wie im Gelände verfahren. Er darf z. B. seinen Schläger aufsetzen oder lose hinderliche Naturstoffe entfernen. **R 3**

Lösung **45**

Lösung b.

Die Bananenschale ist ein loser hinderlicher Naturstoff, der in einem Hindernis nicht berührt oder daraus entfernt werden darf, bevor ein Schlag ausgeführt wird.

Erklärung Lose hinderliche Naturstoffe und Regel 13-4c

Harke und Zigarettenschachtel dürfen straflos entfernt werden, weil sie künstlich und damit bewegliche Hemmnisse sind.

Erklärung Hemmnisse und Regel 24-1 **R 1**

Lösung **46**

Richtig.

„Die Puttlinie darf nicht berührt werden, außer (II) dass der Spieler beim Ansprechen des Balls den Schläger vor den Ball stellen darf, ohne dabei irgend etwas niederzudrücken."

Regel 16-1(II) **R 3**

Lösung **47**

Lösung b.

„Ein Ball gilt als bewegt, wenn er seine Lage verlässt und anderswo zur Ruhe kommt."

Regeln Erklärung Bewegen, bewegt

Ein Ball, der zunächst aus seiner Ruhelage rollt, aber danach wieder an den ursprünglichen Ort zurückkehrt, hat sich ohne Zweifel bewegt; aber nicht im Sinne der Regeln. Die Regeln nehmen Bezug auf die Ruhelage des Balls und diese ist nach der Bewegung dieselbe wie vorher. **R 1**

Lösung **48**

Lösung c.

Regeln Erklärung Ansprechen des Balls **R 2**

Lösung **49**

Richtig.

Regel 6-8a(II) **R 1**

Lösung **50**

Lösung b.

Regeln Erklärung Schlag; Regel 18-2a

Bei dem Übungsschlag fehlt die für einen Schlag notwendige Absicht, den Ball treffen zu wollen. Keine Regel erlaubt dem Spieler ein solches Bewegen des Balls und der Spieler erhält für den Verstoß gegen Regel 18-2a einen Strafschlag. **R 1**

E = Etikette · A = Allgemein · R 1 = leichte Regelfrage · R 2 = mittelschwere Regelfrage · R 3 = schwere Regelfrage

Lösung 51

Falsch.

„Wasserhindernis ist jedes Meer, jeder See, Teich, Fluss, Graben, Abzugsgraben oder sonstige offene Wasserlauf (Wasser enthaltend oder nicht) und alles Ähnliche auf dem Platz."

Regeln Erklärung Wasserhindernis **R 2**

Lösung 52

Richtig.

Regeln Erklärung Wasserhindernis **R 3**

Lösung 53

Richtig.

Regeln Erklärung Erdgänge grabendes Tier

Wird der Spieler durch ein Loch behindert, dass z. B. von einem Hund gegraben wurde, darf er nur dann straflose Erleichterung in Anspruch nehmen, wenn die Spielleitung dieses Loch zu *Boden in Ausbesserung* erklärt hat. Andernfalls muss der Ball gespielt werden wie er liegt oder für unspielbar erklärt werden.

R 1

Lösung 54

Falsch.

„Es ist eine Tatfrage, ob ein in Richtung auf ein Wasserhindernis geschlagener Ball verlorener Ball innerhalb oder außerhalb des Hindernisses verloren ist."

Regeln Erklärung Wasserhindernis

Nicht der Spieler trifft, losgelöst von den Umständen, die Feststellung, der Ball sei im Wasser oder nicht. Vielmehr müssen überzeugende Beweise dafür vorliegen, dass der Ball im Wasser verloren ist. Dies wäre eindeutig, wenn z. B. das Gras in der Umgebung eines Wasserhindernisses großräumig bis zur Hindernisgrenze auf Fairway-Länge herunter geschnitten wäre und keine oder nur sehr wenige kleine Büsche in dem fraglichen Bereich ein sicheres Auffinden eines Balls verhindern würden. Die Wahrscheinlichkeit, dass der Ball im Wasser verloren ist, muss sehr groß sein, um anschließend nach Regel 26 verfahren zu dürfen. **R 1**

Lösung 55

Falsch.

Alle Markierungspfosten, Entfernungs- oder Richtungspfähle dürfen als *bewegliche Hemmnisse* straflos entfernt werden, wenn sie leicht herauszuziehen und nicht durch die Spielleitung zu *unbeweglichen Hemmnissen* erklärt worden sind, was nicht empfohlen wird. **R 1**

E = Etikette · A = Allgemein · R 1 = leichte Regelfrage · R 2 = mittelschwere Regelfrage · R 3 = schwere Regelfrage

Lösung 56

Lösung c.

Neben *Wasserhindernissen* wird z. B. auch *Aus* durch entsprechende Pfosten mit grünen Kappen gekennzeichnet. Die Golfregeln verbieten ein Spielen aus derartig gekennzeichneten Flächen und verhängen Strafen bei Verstößen. Daneben muss ein Spieler, der sich nicht an das Betretungsverbot hält, mit vereinsrechtlichen Sanktionen rechnen. Jeder Club mit Biotopen auf dem Platz macht durch Aushang und Warnschilder auf diesen Sachverhalt aufmerksam und jeder Spieler sollte die Warnungen unbedingt beachten. **R 2**

Lösung 57

Ja.

Wind und Wetter müssen zwar von den Spielern hingenommen werden, aber solange die Spieler vor ihnen in Reichweite sind und sie deshalb nicht abschlagen dürfen, ist es zulässig, Schutz in einer Hütte zu suchen. Das Spiel muss sofort wieder aufgenommen werden, wenn die Gruppe vor ihnen außer Reichweite ist. Warten sie besseres Wetter ab, verzögern sie unangemessen ihr Spiel und erhalten zwei Strafschläge.

„Schlechtes Wetter als solches ist kein triftiger Grund für Spielunterbrechung."

Regel 6-8a **R 2**

Lösung 58

Ja.

Das Entfernen von losen hinderlichen Naturstoffen auf der Puttlinie darf auf jede Weise erfolgen, vorausgesetzt, es wird dabei nichts niedergedrückt. Auch die Hand oder eine Mütze dürfen dazu benutzt werden.

Regel 16-1a. und Regel 23-1 **R 2**

Lösung 59

Lösung b.

„Der Spieler darf seinen Ball überall auf dem Platz für unspielbar halten, ausgenommen der Ball ist in einem Wasserhindernis. Ob sein Ball unspielbar ist, unterliegt einzig und allein der Entscheidung des Spielers."

Regel 28 **R 3**

Lösung 60

Lösung b.

Regel 12-2

Der Spieler darf den Ball auch zum Zwecke der Identifikation aufnehmen, nachdem er zuvor seine Lage markiert und seine Absicht den Mitspielern angekündigt hat. Dabei gelten dieselben strikten Anforderungen von Regel 12-2. **R 2**

Lösung 61

Ja.

Ein Spieler darf Bodenunebenheiten auf der Abschlagsfläche beseitigen. Dieses Recht hat er auch dann, wenn sein Ball bereits im Spiel ist. **R 3**

Lösung 62

Lösung b.

Regel 13-2 und Ent. 23-1/6 **R 2**

Lösung 63

Falsch.

„Spieler, die einen Ball suchen, sollten nachfolgenden Spielern unverzüglich ein Zeichen zum Überholen geben, wenn der gesuchte Ball offensichtlich nicht sogleich zu finden ist. Sie sollten nicht erst Minuten suchen, bevor sie überholen lassen."

Regeln Abschnitt I Spieltempo **E**

Lösung 64

Falsch.

„Der Spieler darf einen Lochpfropfen oder Schäden auf dem Grün, die durch Einschlag eines Balls hervorgerufen worden sind, ausbessern, egal ob sein Ball auf dem Grün liegt oder nicht."

Regel 16-1c **R 1**

Lösung 65

Lösung b.

Die korrekte Anwendung einer Regel, die zu einer Verbesserung der Situation für den Spieler führt, ist keine Vorteilsnahme. Vor- und Nachteile, die sich aus einer straflosen Erleichterung ergeben, sind Bestandteile des Spiels und der Spieler hat sie zu akzeptieren. Die Regeln geben dem Spieler aber auch keine Möglichkeit, nochmals zu droppen, wenn der Ball nach dem ersten Droppen schlechter liegt als erhofft. Die Regeln verlangen nicht, dass der Ball nach dem Fallenlassen in einer Lage liegen muss, die der ursprünglichen ähnlich ist.

Regeln 20-2 und 20-4; Regel 24-2 **R 3**

Lösung **66**

Lösung b.

„...oder nimmt er den Ball zum Identifizieren im Hindernis auf, so zieht er sich einen Strafschlag zu."

Regel 12-2

Ein Identifizieren ist nicht notwendig, weil das Spielen eines falschen Balls aus einem Hindernis straffrei ist. Aber der Spieler muss außerhalb des Hindernisses vor seinem nächsten Schlag feststellen, ob er den richtigen Ball aus dem Hindernis hinausgespielt hat. Wenn nicht, muss er weitersuchen oder nach *Regel 26* verfahren.

s. Regeln 12-2 und 15-3b **R 3**

Lösung **67**

Lösung b.

Der Schlag ins Loch mit dem provisorischen Ball wurde zwar außerhalb der Reihenfolge ausgeführt, aber dies ist im Zählspiel straflos. *„Ein Ball gilt als verloren, wenn...c. der Spieler von dem Ort, an dem sich der ursprüngliche Ball mutmaßlich befindet oder von einem Punkt, der näher zum Loch liegt als dieser Ort, einen Schlag nach einem provisorischen Ball gemacht hat." Regeln Erklärung Verlorener Ball.* Mit dem Schlag nach dem *provisorischen Ball* gilt der ursprüngliche Ball als verloren und der *provisorische Ball* wurde *Ball im Spiel.*

Die Mitbewerber dürfen bis zu diesem Schlag nach dem ursprünglichen Ball suchen, auch wenn der Spieler deutlich erkennen lässt, dass er seinen ursprünglichen Ball gar nicht mehr finden will.

Vgl. auch Ent. 27-2b/1 und 27-2c/2 **R 3**

Lösung **68**

Ja.

Regel 28

Diese Lösung ist seltsam, aber regelkonform. Sollte der Spieler jedoch einen Schlag aus dem Bunker versuchen und er misslingt, muss auch der folgende Schlag aus dem Bunker ausgeführt werden. Eine Rückkehr an den Ort, von dem der letzte Schlag außerhalb des Bunkers gemacht wurde, ist dann nicht mehr zulässig. **R 2**

Lösung **69**

Lösung b.

Regel 27 **R 1**

E = Etikette · A = Allgemein · R 1 = leichte Regelfrage · R 2 = mittelschwere Regelfrage · R 3 = schwere Regelfrage

Lösung 70

Lösung c.

Regel 6-8a(IV) erlaubt eine Spielunterbrechung bei plötzlichem Unwohlsein; aber die Spielpause sollte nicht länger als 15 Minuten dauern. Eine verantwortungsvolle Spielleitung wird den Umständen entsprechend auch eine längere Pause im wohlverstandenen Interesse des Spielers zugestehen. Sieht die Spielleitung die Spielunterbrechung jedoch nicht als gerechtfertigt an, so ist der Spieler disqualifiziert. **R 2**

Lösung 71

Falsch.

Die Platzregeln sind Bestandteil der Regeln und bei Verstoß sind auch Strafen fällig.

„Der Begriff Regel schließt ein...c. alle von der Spielleitung nach Regel 33-8a und Anhang I erlassenen Platzregeln und..."

Regeln Erklärung Regel oder Regeln **R 1**

Lösung 72

Falsch.

„Der Spieler darf eine festgesetzte Runde nicht mit mehr als 14 Schlägern antreten. Er ist für diese Runde auf die ausgewählten Schläger beschränkt, jedoch darf er, sofern er mit weniger als 14 Schlägern angetreten ist, beliebig viele hinzufügen, vorausgesetzt die Gesamtzahl übersteigt nicht 14."

Regel 4-4a **R 1**

Lösung 73

Lösung b.

„Bevor ein Spieler mit irgendeinem Ball seinen ersten Schlag vom Abschlag des zu spielenden Lochs spielt, gelten die Abschlagsmarkierungen als befestigt."

Regel 11-2

Nach seinem Abschlag auf seiner Spielbahn sind die Abschlagsmarkierungen zu beweglichen Hemmnissen geworden und der Spieler darf sie bewegen Dies gilt auch für den Abschlag der zu spielenden Bahn, wenn bereits ein Schlag gemacht worden ist. **R 3**

Lösung 74

Falsch.

Um einen Ball als verloren in einem Wasserhindernis anzusehen, müssen überzeugende Beweise (berechtigte Anzeichen) dafür vorliegen. Die bloße Möglichkeit zeigt an, dass der Ball auch außerhalb verloren sein kann. Sind derartige Umstände gegeben, das ein Ball auch im Aus oder im Rough verloren sein kann, darf ein provisorischer Ball gespielt werden. Dies ist dann bei einem

Wasserhindernis nicht zulässig, wenn es eindeutig zu klären ist, ob ein Ball im Wasserhindernis ist oder nicht. Die bloße Tatsache, dass ein Wasserhindernis auf der Spiellinie liegt, reicht nicht aus, wenn die Umgebung unübersichtlich ist. Alle Umstände müssen sorgfältig in die Entscheidung einbezogen werden.
Regel 26; vgl. Ent. 27-2c/1, 26-1/1 und 25-1c/1 **R 2**

Lösung **75**
Nein.
Regel 6-7 **R 3**

Lösung **76**
Richtig.
Regel 20-2a **R 1**

Lösung **77**
Lösung b.
„Berührt der Ball den Spieler, seinen Partner, einen ihrer Caddies oder ihre Ausrüstung, bevor oder nachdem er auf einen Teil des Platzes auftrifft, so muss der Ball straflos erneut fallen gelassen werden. Wie oft ein Ball unter den beschriebenen Umständen erneut fallen zu lassen ist, unterliegt keiner Beschränkung."
Regel 20-2a **R 3**

Lösung **78**
Lösung b.
Es ist Spielzufall, wenn der Mitbewerber getroffen wird und der Ball muss gespielt werden wie er liegt. Der Spieler bleibt straffrei. *Regel 19-1.u. 19-4.; Erklärung Nicht zum Spiel gehörig*
Ob es zu einer Bestrafung des Spielers unter Regel 33-7 aufgrund eines schwerwiegenden Verstoßes gegen die Etikette kommt und der Spieler disqualifiziert wird, hängt von der Einschätzung der Spielleitung ab. **R 1**

Lösung **79**
Lösung b.
„Rollt der erneut fallen gelassene Ball in eine Lage wie oben aufgezählt (Regel20-2c.), so muss er so nahe wie möglich der Stelle hingelegt werden, an der er zum ersten Mal auf einen Teil des Platzes auftraf, als er erneut fallen gelassen wurde."
Regel 20-2c **R 3**

E = Etikette · A = Allgemein · R 1 = leichte Regelfrage · R 2 = mittelschwere Regelfrage · R 3 = schwere Regelfrage

Lösung 80

Lösung c.

„...oder nimmt er den Ball zum Identifizieren im Hindernis auf, so zieht er sich einen Strafschlag zu."

Regel 12-2 **R 2**

Lösung 81

Lösung b.

„Ist ein Ball verloren oder ist er im Aus, so muss der Spieler mit einem Strafschlag einen Ball so nahe wie möglich der Stelle spielen, von der der ursprüngliche Ball zuletzt gespielt wurde (siehe Regel 20-5)."

Regel 27-1 **R 2**

Lösung 82

Lösung a.

„Der Spieler muss... seinen Zähler oder einen Mitbewerber im Zählspiel unterrichten, dass er einen provisorischen Ball zu spielen beabsichtigt, und er muss ihn spielen, bevor er oder sein Partner nach vorne gehen, um den ursprünglichen Ball zu suchen."

Regel 27-2a

Hätte der Spieler wie angesagt sein Spiel fortgesetzt, wäre der zweite Ball „Ball im Spiel" gewesen und er hätte seinen dritten Schlag ausgeführt. Der ursprüngliche Ball gilt als verloren und darf nicht mehr gespielt werden. **R 3**

Lösung 83

Lösung a.

Es sind 12 Landesverbände. **A**

Lösung 84

Lösung a.

„Der Begriff „Regel" schließt ein...c. alle von der Spielleitung nach Regel 33-8a und Anhang I erlassenen Platzregeln und..."

Regeln Erklärung Regel oder Regeln **R 1**

Lösung 85

Ja.

„Ist ein Ball vermutlich von losen hinderlichen Naturstoffen oder Sand im Hindernis bedeckt, so darf der Spieler durch Tasten oder Rechen mit dem Schläger oder sonst wie so viel lose hinderliche Naturstoffe oder Sand fortbewegen wie erforderlich, damit er einen Teil des Balls sehen kann."

Regel 12-1 **R 2**

E = Etikette · A = Allgemein · R 1 = leichte Regelfrage · R 2 = mittelschwere Regelfrage · R 3 = schwere Regelfrage

Lösung **86**

Falsch.

Auch nach vergeblichen Versuchen, den Ball aus dem Hindernis hinaus zu schlagen, darf der Spieler die Regel 26 anwenden und mit einem Strafschlag außerhalb des Wasserhindernisses weiterspielen. Dabei muss der Spieler den ursprünglichen Kreuzungspunkt als Bezug für seine Regelanwendung nehmen und nicht seine Lage im Hindernis.

Regel 26-2a **R 3**

Lösung **87**

Falsch.

Die Suchzeit von 5 Minuten beginnt nicht mit dem Schlag, sondern erst, wenn der vermeintliche Fundort erreicht und mit der Suche begonnen wird.

Regeln Erklärung verlorener Ball **R 2**

Lösung **88**

Ja.

„Ein Spieler darf im Aus stehen, um einen nicht im Aus liegenden Ball zu spielen."

Regeln Erklärung Aus **R 1**

Lösung **89**

Ja.

Nach Abgabe der Zählkarte bei der Spielleitung darf nichts mehr auf der Karte geändert werden. Bei der Abgabe der Zählkarte hätte der falsche Eintrag noch geändert werden dürfen. Nun ist es zu spät dafür und der Spieler muss disqualifiziert werden: *„Reicht er niedrigere als die tatsächlich gespielte Schlagzahl ein, so ist er disqualifiziert." Regel 6-6d.* Hat er aber eine höhere Schlagzahl eingereicht als tatsächlich gespielt, gilt die angegebene höhere Schlagzahl und keine Strafe kommt hinzu. Deshalb sollte die Zählkarte vor der Abgabe möglichst sorgfältig Loch für Loch abgeglichen werden. **R 1**

Lösung **90**

Richtig.

Der Grund ist, dass die Mitbewerber jederzeit wissen, welcher Ball im Spiel ist und wonach gegebenenfalls gesucht wird. **R 1**

Lösung **91**

Lösung b.

„Ein Spieler ist berechtigt die Füße fest aufzusetzen, wenn er seine Standposition bezieht, darf sich aber keine Standposition herstellen."

Regel 13-3

E = Etikette · A = Allgemein · R 1 = leichte Regelfrage · R 2 = mittelschwere Regelfrage · R 3 = schwere Regelfrage

Liegt ein Ball in einer Bunkerböschung, so kann es leicht zu einem Regelverstoß kommen, weil der Spieler, um Halt zu bekommen, Stufen in den Sand tritt. Das vorsichtige Hin- und Herdrehen der Füße zum Ausgleichen von Unebenheiten ist dagegen zulässig. **R 1**

Lösung **92**

Lösung b.

Sand ist nur auf dem Grün loser hinderlicher Naturstoff und auch nur hier darf er entfernt werden.

Regeln Erklärung Lose hinderliche Naturstoffe und s. Regel 13-2 **R 2**

Lösung **93**

Nein.

„Der Schläger darf nur leicht aufgesetzt und nicht auf den Boden gedrückt werden."

Regel 13-2

Im Hindernis darf der Schläger nicht aufgesetzt werden.

Regel 13-4b **R 3**

Lösung **94**

Richtig.

„Er (der Spieler) muss die Unterschrift des Zählers oder der Zähler sicher stellen,..."

Regel 6-6b **R 2**

Lösung **95**

Lösung c.

„Im Zählspiel muss der Bewerber während der gesamten Runde in der Gruppe bleiben, die von der Spielleitung eingeteilt wurde, sofern nicht die Spielleitung einen Wechsel zulässt oder nachträglich genehmigt."

Regel 6-3b

Eine nachträgliche Zulassung des Wechsels durch die Spielleitung wäre denkbar, wenn im vorliegenden Fall auch noch die Fäuste geflogen und schwere Beschimpfungen ein Verbleiben unmöglich gemacht hätten. Der Streit über eine Regelanwendung war ohnehin sinnlos, weil der Spieler in der strittigen Situation einen anderen Ball nach Regel 3-3 (Zweifel über Spielweise) hätte spielen dürfen. **R 2**

Lösung **96**

Lösung b.

Regel 26-1 **R 2**

Lösung **97**

Lösung b.

Der Wurmhaufen ist loser hinderlicher Naturstoff und darf straflos entfernt werden.
Regeln Erklärung Loser hinderlicher Naturstoff; Regel 23-1

Löst das Entfernen des Wurmhaufens eine Bewegung des Balls aus, zieht sich der Spieler einen Strafschlag zu und muss den Ball an die ursprüngliche Stelle zurücklegen.
Regel 23-1, Regel 18-2a

Auf dem Grün bleibt der Spieler straflos, wenn die Bewegung des Balls unmittelbar auf das Entfernen des Wurmhaufens zurückzuführen ist.
Regel 23-1 **R 2**

Lösung **98**

Lösung b.

s. *Regel 24-2b(II)a*

Der Spieler hat noch eine weitere Option, die aber mit einem Strafschlag verbunden ist: er darf außerhalb des Bunkers auf der Verlängerung der Linie Balllage im Bunker und Fahne seinen Ball fallen lassen.
Regel 24-2b(II)b **R 2**

Lösung **99**

Nein.

Regel 24-2b.

***„Ausgenommen der Ball ist in einem Wasserhindernis** oder seitlichen Wasserhindernis, darf ein Spieler von Behinderung durch ein unbewegliches Hemmnis straflos folgende Erleichterung in Anspruch nehmen:...".*

Dem Spieler bleibt nur die Wahl, den Ball zu spielen wie er liegt oder nach Regel 26 vorzugehen.
Regel 24-2b Anmerkung 1 **R 1**

Lösung **100**

Richtig. **A**

Lösung **101**

Lösung a.

s. Regeln Erklärung Regel oder Regeln **A**

Lösung **102**

Richtig.

Der Zaun als Ausgrenze ist per Definition kein Hemmnis und deshalb darf der Spieler davon auch keine straflose Erleichterung in Anspruch nehmen.
Erklärungen Aus u. Hemmnisse. **R 1**

Lösung **103**

Lösung c.

Bei dieser Form der Beeinträchtigung darf der Spieler keine straflose Erleichterung in Anspruch nehmen.

„Anderenfalls ist, wenn es sich (das unbewegliche Hemmnis) *lediglich in der Spiellinie befindet, keine Behinderung nach dieser Regel gegeben."*

Regel 24-2a

Liegt allerdings ein Ball auf dem Grün und befindet sich ein unbewegliches Hemmnis auf seiner Puttlinie (Spiellinie), so darf der Spieler straflose Erleichterung auf folgende Weise nehmen: Der Spieler muss den Ball aufnehmen und ihn straflos am nächstgelegenen Punkt ohne Behinderung hinlegen. Der nächstgelegene Punkt der Erleichterung kann außerhalb des Grüns aber nicht in einem Hindernis sein.

Regel 24-2b(III) **R 2**

Lösung **104**

Falsch.

Die Forderung der Etikette nach Wiederherstellung möglichst gleicher Bedingungen für alle Spieler ist bedeutsamer als eine mögliche Verzögerung des Spiels. Ausdrücklich wird vom Spieler erwartet, dass er auch Schäden, die von Mitspielern verursacht wurden, behoben werden.

Regeln Abschnitt I Schonung des Golfplatzes **E**

Lösung **105**

Lösung b.

Der Spieler hat durch sein Verhalten das Spiel seiner Mitbewerber in der Gruppe unangemessen verzögert und wird mit zwei Strafschlägen bestraft. **R 3**

Lösung **106**

Richtig.

Andere Regeln sind erst im Laufe der Jahrhunderte dazu gekommen. Aber auch dieses Grundgesetz des Golfspiels ist ergänzt und den veränderten Gegebenheiten angepasst worden: „Der Ball muss gespielt werden wie er liegt, *sofern die Regeln nichts anderes vorsehen."*

Regel 13-1 **R 1**

Lösung **107**

Richtig.

Es kann durchaus vorkommen, dass ein Spieler seinen Ball in hohem Rough beim Ansprechen nicht sehen kann. Dies gibt ihm aber grundsätzlich nicht das Recht, den Ball etwa durch bestimmte Handlungen sichtbar zu machen. Er muss ihn spielen wie er liegt oder für unspielbar erklären. Nur in dem besonderen

E = Etikette · A = Allgemein · R 1 = leichte Regelfrage · R 2 = mittelschwere Regelfrage · R 3 = schwere Regelfrage

Fall, dass ein Ball in einem Hindernis liegt, darf der Spieler einen von losen hinderlichen Naturstoffen vollständig bedeckten Ball soweit wie erforderlich freilegen, damit er einen Teil des Balls sehen kann.
Regel 12-1 **R 3**

Lösung **108**
Falsch.
Zwar ist der Spieler allein dafür verantwortlich, dass er den richtigen Ball spielt. Aber der Spieler muss, bevor er den Ball zur Identifikation aufnimmt, seinem Zähler oder einem Mitspieler seine Absicht ankündigen und somit eine Beobachtung seiner Handlungen ermöglichen.
Regel 12-2 **R 2**

Lösung **109**
Richtig.
Regel 16-1b.
„Die Lage des Balls muss markiert werden, bevor er aufgenommen wird und der Ball muss zurückgelegt werden."
Regel 16-1b und Regel 20-1 **R 1**

Lösung **110**
Richtig.
Regeln Erklärung Nächstgelegener Punkt der Erleichterung; Regel 24-2; Regel 25-1; Regel 25-3.
Diese Vorgehensweise ist eine dringende Empfehlung und soll verhindern, dass der Spieler (wenn er anders vorgeht) einen falschen Punkt ermittelt und dann einen Ball von falscher Stelle spielt und dafür bestraft wird. **R 1**

Lösung **111**
Lösung b.
„Kommt ein hingelegter Ball an der Stelle zur Ruhe, an der er hingelegt wurde und bewegt sich anschließend, so ist dies straflos, und der Ball muss gespielt werden wie er liegt, es sei denn, eine andere Regel findet Anwendung." Regel 20-3d. Hierbei spielt es keine Rolle, ob zufällig der Ballmarker noch hinter dem Ball lag, als sich dieser von alleine in Bewegung setzte. **R 3**

Lösung **112**
Lösung b.
„Liegt der Ball nicht in oder auf dem Hemmnis, so darf das Hemmnis fortbewegt werden. Bewegt sich der Ball, so muss er zurückgelegt werden, und dies ist straflos, sofern das Bewegen des Balls unmittelbar auf das Fortbewegen des Hemmnisses zurückzuführen ist."

E = Etikette · A = Allgemein · R 1 = leichte Regelfrage · R 2 = mittelschwere Regelfrage · R 3 = schwere Regelfrage

Regel 24-1a
Dies gilt auch im Hindernis.
Regel 13-4 Ausnahmen **R 2**

Lösung **113**
Ja.
Der Ball wurde auf richtige Weise fallen gelassen und ist nicht in eine der Lagen gerollt, die ein erneutes Droppen erfordern. Im vorliegenden Fall hätte der Ball, wenn er knapp innerhalb der zwei Schlägerlängen fallen gelassen worden wäre, beinahe vier Schlägerlängen von der Hindernisgrenze entfernt zur Ruhe kommen dürfen und der Ball wäre im Spiel gewesen.
Regel 20-2c **R 1**

Lösung **114**
Falsch.
Die Zigarettenkippe ist künstlich und somit ein bewegliches Hemmnis. Der Spieler darf sie überall straflos entfernen. Der Tannenzapfen ist ein loser hinderlicher Naturstoff, der in einem Hindernis (z. B. Bunker) nicht straflos entfernt werden darf.
Regeln Erklärung Loser hinderlicher Naturstoff; Regel 13-4c **R 1**

Lösung **115**
Richtig.
Regel 26-1c(II) **R 3**

Lösung **116**
Ja.
Der Spieler durfte unter den beschriebenen Umständen einen provisorischen Ball spielen. Alle Umstände sprechen dafür, dass der erste Ball im Wasserhindernis ist, weil er außerhalb nur schwerlich verloren sein kann. Deshalb durfte der Spieler in der Folge auch einen anderen Ball nach Regel 26-1 mit einem zusätzlichen Schlag ins Spiel bringen. Der provisorische Ball durfte gespielt werden, weil der Spieler zu diesem Zeitpunkt glaubte, sein Ball könne außerhalb eines Wasserhindernisses verloren sein. Erst später stellte sich heraus, dass dies nicht so sein konnte. **R 3**

Lösung **117**
Richtig.
Erklärung Wasserhindernis u. Seitliches Wasserhindernis **R 1**

Lösung **118**
Richtig.
Regel 27-2a **R 1**

E = Etikette · A = Allgemein · R 1 = leichte Regelfrage · R 2 = mittelschwere Regelfrage · R 3 = schwere Regelfrage

Lösung **119**

Lösung a.

„Wird der nach einem Schlag in Bewegung befindliche Ball eines Spielers durch einen in Ruhe befindlichen Ball im Spiel abgelenkt oder aufgehalten, so muss der Spieler seinen Ball spielen wie er liegt." Regel 19-5a.

„Wird ein in Ruhe befindlicher Ball im Spiel durch einen anderen Ball bewegt, der nach einem Schlag in Bewegung ist, so muss der bewegte Ball zurückgelegt werden."

Regel 18-5 **R 3**

Lösung **120**

Lösung a.

„Stellen Platzrichter oder Spielleitung fest, dass ein Ball eines Spielers absichtlich durch nicht zum Spiel Gehöriges abgelenkt oder aufgehalten worden ist, so gilt für den Bewerber Regel 1-4 (Billigkeit). *Ist das nicht zum Spiel Gehörige ein Mitbewerber oder dessen Caddie, so gilt für den Mitbewerber Regel 1-2."*

Regel 19-1 Anmerkung

„Kein Spieler oder Caddie darf irgendetwas unternehmen, um Lage oder Bewegung eines Balls zu beeinflussen, es sei denn in Übereinstimmung mit den Regeln.

Anmerkung: Bei schwerwiegendem Verstoß gegen Regel 1-2 darf die Spielleitung die Strafe der Disqualifikation verhängen."

Regel 1-2 **R 3**

Lösung **121**

Falsch.

„Es liegt in der Verantwortung einer Spielergruppe, Anschluss an die Gruppe vor sich zu halten. Fällt sie ein ganzes Loch hinter der Gruppe vor sich zurück und hält sie die darauf folgende Gruppe auf, sollte sie dieser das Durchspielen anbieten, gleich wie viele Spieler in dieser Gruppe spielen."

Regeln Abschnitt I Etikette Spieltempo **E**

Lösung **122**

Nein.

Zwar darf der Spieler seinen Ball im Bunker für unspielbar erklären, aber wenn er dabei das Hindernis verlassen will, muss er an die Stelle zurück, an der er den letzten Schlag ausgeführt hat. Wollte er den Ball innerhalb zweier Schlägerlängen oder auf der verlängerten Linie Balllage – Fahne droppen, muss er dies innerhalb des Bunkers tun.

Regel 28 c

Der Spieler muss somit zum Abschlag zurück und dort seinen dritten Schlag machen. **R 2**

E = Etikette · A = Allgemein · R 1 = leichte Regelfrage · R 2 = mittelschwere Regelfrage · R 3 = schwere Regelfrage

Lösung 123

Lösung a.

In Regel 20-2c (Wann erneut fallen lassen) und auch in Regel 28 ist nichts von einem erneuten Fallen lassen unter diesen Bedingungen gesagt. Ein Spieler muss Vor- und Nachteile seines Handelns ertragen, sofern nicht eine Regel etwas anderes vorschreibt. Dies unterstreicht einmal mehr, dass man den Bereich, in dem ein Ball fallen zu lassen ist, sehr genau beurteilen sollte, damit nicht ein solches Resultat dabei herauskommt. **R 2**

Lösung 124

Richtig.

„Der Spieler muss zu der von der Spielleitung angesetzten Zeit abspielen.“
Strafe für Verstoß gegen Regel 6-3.: Disqualifikation.

Auch eine Verspätung von nur einigen Sekunden führt unter diesen Umständen zur Disqualifikation. Um Härten in solchen Fällen abzumildern, hat die Spielleitung das Recht, in die Ausschreibung für das Wettspiel aufzunehmen, dass eine Verspätung von bis zu fünf Minuten mit nur 2 Strafschlägen geahndet wird. Im vorliegenden Fall hat die Spielleitung von dieser Möglichkeit jedoch keinen Gebrauch gemacht. Es wäre im übrigen grob unsportlich und etikettewidrig, seine Mitspieler wegen eigener Unachtsamkeit unnötig warten zu lassen.
Regel 6-3b **R 1**

Lösung 125

Lösung c.

Der Fehler muss vor dem nächsten Abschlag behoben sein; wenn nicht, ist der Spieler disqualifiziert. Ist es das letzte Loch der Runde, darf er das Grün nur dann verlassen, wenn er seine Absicht vorher verkündet, den Fehler beheben zu wollen.

„Der Schlag von außerhalb des Abschlags und alle weiteren Schläge des Bewerbers an dem Loch, bevor er den Fehler behoben hat, werden nicht auf seine Schlagzahl angerechnet.“ Regel 11-4b. Hat der Mitbewerber bereits vor dem Schlag gesehen, dass der Spieler seinen Ball vor der Markierung aufgeteet hat und dennoch gewartet, bis der Spieler seinen Schlag gespielt hat, bevor er dies reklamiert, so kann der Mitbewerber ggf. wegen Etiketteverstoß nach Regel 33-7 disqualifiziert werden. **R 3**

Lösung 126

Lösung c.

„Wird des Spielers Ball durch einen Mitbewerber, dessen Caddie oder dessen Ausrüstung bewegt, berührt oder verursachen diese, dass er sich bewegt, so ist das straflos. Wird der Ball dabei bewegt, muss er zurückgelegt werden.“
Regel 18-4 **R 2**

E = Etikette · A = Allgemein · R 1 = leichte Regelfrage · R 2 = mittelschwere Regelfrage · R 3 = schwere Regelfrage

Lösung **127**

Nein.

Eine straflose Erleichterung ist nur bei physischer Beeinträchtigung zulässig. Hierbei muss die Lage des Balls, der Stand oder der Raum des beabsichtigten Schwungs unmittelbar beeinträchtigt sein.

s. Regeln 24 u. 25 **R 2**

Lösung **128**

Lösung b.

Regel 25-2 **R 2**

Lösung **129**

Lösung a. **R 2**

Lösung **130**

Richtig. **R 1**

Lösung **131**

Lösung b. **R 3**

Lösung **132**

Ja.

In der Anmerkung zur Erklärung *„Nächstgelegener Punkt der Erleichterung"* heißt es:

Um den nächstgelegenen Punkt der Erleichterung genau zu bestimmen, sollte der Spieler mit demjenigen Schläger, mit dem er seinen nächsten Schlag gemacht hätte, wenn es den Umstand dort nicht gegeben hätte, die Ansprechposition, die Spielrichtung und das Schwingen für diesen Schlag simulieren".

Der nächstgelegene Punkt ist dort, wo der Schlägerkopf bei der Simulation aufgesetzt wird. Durch das Fallen lassen ist eine neue Situation entstanden und der Spieler darf seine ursprüngliche Entscheidung ändern und einen anderen Schläger benutzen. **R 2**

Lösung **133**

Lösung b.

Regel 24-2b und Regel 21

Beide Regeln erlauben unter diesen Bedingungen die Reinigung des Balls. **R 1**

E = Etikette · A = Allgemein · R 1 = leichte Regelfrage · R 2 = mittelschwere Regelfrage · R 3 = schwere Regelfrage

Lösung 134

Lösung b. Falsch.

„Zeitweiliges Wasser ist jede vorübergehende Wasseransammlung auf dem Platz außerhalb eines Wasserhindernisses, die sichtbar ist, bevor oder nachdem der Spieler seine Standposition bezieht."
Erklärung Zeitweiliges Wasser **R 3**

Lösung 135

Lösung b.

Der Spieler hat verschiedene Optionen, wie er sein Spiel fortsetzen darf.
Von den in Regel 26-2 genannten Optionen soll hier nur eine genannt werden.
Der Spieler lässt einen Ball mit einem Strafschlag... *in beliebiger Entfernung hinter dem Wasserhindernis fallen, wobei der Punkt, an dem der ursprüngliche Ball zuletzt die Grenze des Wasserhindernisses gekreuzt hat, auf gerader Linie zwischen dem Loch und der Stelle, an der der Ball fallen gelassen wird, liegen muss.*
Regel 26-2 und 26-1 **R 3**

Lösung 136

Lösung b.

„Ein nicht korrekt ersetzter sowie ein an falschem Ort oder sonst wie nicht in Übereinstimmung mit den Regeln fallen gelassener oder hingelegter, aber nicht gespielter Ball darf straflos aufgenommen werden, und der Spieler muss anschließend korrekt verfahren." Regel 20-6.
Bevor ein Spieler einen hingelegten oder fallen gelassenen Ball spielt, sollte er sich sicher sein, dass sein Verfahren zulässig war und er vom richtigen Ort spielt. **R 2**

Lösung 137

Falsch.

Die Regeln 20 bis 28 sind unter *„Erleichterung und Erleichterungsverfahren"* zusammengefasst. In diesem Abschnitt ist geregelt, wie ein Spieler aus sehr schwierigen oder gar unlösbaren Situationen herauskommt und weiterspielen darf.
Sind diese Situationen durch Umstände ausgelöst, die nicht zu den üblichen Bedingungen eines Golfplatzes gehören, erlangt der Spieler straflose Erleichterung. Keine straflose Erleichterung erlangt der Spieler dann, wenn er durch sein Spiel in Umstände gerät, die zwar schwierig aber nicht ungewöhnlich für einen Platz sind. Wasserhindernisse, Bunker, hohes und dichtes Gras sind z. B. übliche Bedingungen eines Golfplatzes. Um unter solchen erschwerenden Bedingungen weiterspielen zu können, muss der Spieler Strafschläge als Preis für die Erleichterung in Kauf nehmen. **R 1**

Lösung **138**

Lösung a. Richtig.

„Ein Extra Day Score (EDS) ist ein Stableford-Nettoergebnis, das unter vorgabenwirksamen Bedingungen ...und nicht in einem vorgabenwirksamen Wettspiel erzielt worden ist." Vorgaben- und Spielbestimmungen, Ziffer 2.15 und Ziffer 17

Die Vorgabenklassen 5 und 6 können beliebig viele Extra Day Scores einreichen. Bei den Vorgabenklassen 3 und 4 darf höchstens die gleiche Anzahl von Extra Day Scores eingereicht werden wie die von vorgabenwirksamen Wettspielen. Die Vorgabenklassen 1und 2 dürfen keine Extra Day Scores erspielen und die erstmalige Erspielung einer DGV-Stammvorgabe der DGV-Vorgabenklasse 5 (also –36,0 oder besser) kann nur in einem vorgabenwirksamen Wettspiel erfolgen. Der Zähler muss Vorgabe –36,0 oder besser haben. Ein Pro darf nicht zählen, da er keine Vorgabe hat. **A**

Lösung **139**

Falsch.

Hat der letzte Spieler einer Gruppe eingelocht, sollte das Grün so schnell wie möglich verlassen werden, um den nachfolgenden Spielern damit anzuzeigen, dass das Grün frei ist und angespielt werden kann. Die Anzahl der Schläge sollte erst nach Verlassen der Spielbahn und vor dem nächsten Abschlag auf der Zählkarte eingetragen werden. **E**

Lösung **140**

Nein.

Der Spieler darf den Raum seines beabsichtigten Stands oder Schwungs nicht dadurch verbessern, dass er Gegenstände zum Bezeichnen von Aus bewegt, biegt oder bricht. Tut er es doch, so erhält er zwei Strafschläge.

Regel 13-2 **R 1**

Lösung **141**

Falsch.

„Ein Ball ist eingelocht, wenn er innerhalb der Peripherie des Lochs zur Ruhe gekommen ist und sich vollständig unterhalb der Ebene des Lochrands befindet."

Regeln Erklärung Einlochen

Im vorliegenden Fall darf der Spieler den Flaggenstock vorsichtig bewegen, sodass der Ball ins Loch fällt. **R 2**

Lösung **142**

Richtig.

„Ein Spieler darf außerhalb des Abschlags stehen, um einen Ball von innerhalb des Abschlags zu spielen."

Regel 11-1 **R 1**

E = Etikette · A = Allgemein · R 1 = leichte Regelfrage · R 2 = mittelschwere Regelfrage · R 3 = schwere Regelfrage

Lösung **143**

Falsch.

Die Sicherheit und Rücksichtnahme auf dem Golfplatz erfordert, dass niemand spielen sollte, bevor die vorausgehenden Spieler oder andere Personen außer Reichweite oder in Sicherheit sind. Somit ist es die Pflicht eines jeden Spielers sich zu vergewissern, *"...dass niemand nahe bei ihnen oder sonst wie so steht, dass ihn Schläger, Ball oder irgendetwas (wie Steine, Sand, Zweige etc.), was beim Schlag oder Schwung bewegt wird, treffen könnten, wenn sie einen Schlag oder Übungsschwung machen."*

Regeln Abschnitt I Etikette **E**

Lösung **144**

Lösung a. Richtig.

„die Lage des aufzunehmenden Balls sollte dadurch gekennzeichnet werden, dass ein Ballmarker, eine kleine Münze oder ein ähnlicher Gegenstand unmittelbar hinter den Ball gelegt wird."

Regel 20-1 Anmerkung **R 1**

Lösung **145**

Lösung c.

Hindernisse (Wasserhindernisse, Bunker) sind nicht Hemmnisse, sondern übliche Bestandteile eines Golfplatzes. Die Spielleitung darf auch Anlagen, die ohne Zweifel künstlich sind, zu Bestandteilen des Platzes erklären. Dies ist z. B. auf dem berühmten „Old Course" in St. Andrews (Schottland) der Fall. Die asphaltierten Wege auf dem dortigen Platz sind „Bestandteile des Platzes" und gelten somit nicht als Hemmnisse, von denen straffrei Erleichterung in Anspruch genommen werden dürfte. **R 2**

Lösung **146**

Lösung b.

Regel 27-2c und Dec. 27-2b/1

In dem geschilderten Sachverhalt wäre der provisorische Ball zum Ball im Spiel geworden, wenn der Spieler den Ball gespielt hätte, bevor die Mitspieler den Ball im Gebüsch fanden. Die Mitspieler haben das Recht, 5 Minuten nach dem Ball zu suchen. Aber der Spieler hat ebenso das Recht, den *provisorischen Ball* zu spielen und ihn mit diesem Schlag zum Ball im Spiel zu machen. Dies hat der Spieler nicht getan, denn das Markieren und Aufnehmen des Balls ist nicht mit einem Schlag gleichzusetzen. Es ist zwar die Intention des Spielers, den *provisorischen Ball* weiterzuspielen, aber nur eine Handlung, ein Schlag, kann in dieser Situation den *provisorischen Ball* zum *Ball im Spiel* machen. Der ursprüngliche Ball ist der Ball im Spiel und der provisorische Ball muss aufgegeben werden. **R 3**

Lösung **147**

Lösung a.

Regel 27-2 und Regel 28 **R 3**

Lösung **148**

Falsch.

Der Abschnitt I der Regeln ist mit *„Etikette"* und *„Verhalten auf dem Platz"* überschrieben. „Etikette" umfasst den gesamten Bereich des Sozialverhaltens auf dem Platz. In diesem Sinne könnte man Bekleidung als Ausdruck eines Sozialverhaltens interpretieren; aber irgendwelche Bekleidungsvorschriften finden sich nirgends in dieser Verhaltensnorm. Dennoch werden Sie solche Vorschriften unter der Überschrift „Etikette" in den Spielbestimmungen einzelner Clubs finden. Dazu gehören z. B. ein Blue- Jeans-Verbot, keine kragenlose Hemden usw. Dies sind Beispiele für eine Kleiderordnung, wie sie der Club vorsieht und es ist Hausrecht. Es empfiehlt sich dringend, diese Clubvorschriften genau einzuhalten. **E**

Lösung **149**

Lösung b.

Regel 25-3 Falsches Grün **R 2**

Lösung **150**

Lösung a. Richtig.

Weil der Spieler dafür verantwortlich ist, dass er den richtigen Ball spielt, muss er ihn identifizieren dürfen. *„Außer im Hindernis darf der Spieler straflos einen Ball, den er für seinen hält, zum Zwecke der Identifizierung aufnehmen und in dem zur Identifizierung erforderlichen Ausmaß reinigen."*

Regel 12-2

Wenn es sich um den Ball des Spielers handelt, muss er zurückgelegt werden. Deshalb muss die ursprüngliche Lage des Balls markiert werden.

Regel 12-2 **R 2**

Lösung **151**

Lösung b.

siehe Amateurstatut Regel 3

Das Amateurstatut in den Golfregeln schreibt für Golfclubs und Spieler grundsätzlich vor, dass kein Preis einen Einzelhandelswert von mehr als 750 Euro hat, egal wofür er ausgesetzt wird. Nimmt ein Spieler einen wertvolleren Preis an, so verliert er seinen Amateurstatus und damit auch seine Vorgabe. **A**

Lösung 152

Lösung a.

Das Amateurstatut in den Golfregeln gilt jederzeit für alle Spieler, die für sich beanspruchen, ein Golfamateur zu sein. Ein Verstoß gegen diese Bestimmungen wird vom Ausschuss Amateurstatut des Deutschen Golf Verband e.V. behandelt und kann zum Verlust der Vorgabe führen, da nur für Golfamateure ein Handicap geführt wird. **A**

Lösung 153

Lösung a.

Der Spieler ist dafür verantwortlich, mit der richtigen Vorgabe zu spielen. Das DGV-Intranet erleichtert den Golfclubs die Verwaltung und ggf. Weiterleitung der Ergebnisse an den Heimatclub des Spielers, nimmt dem Spieler aber seine Letztverantwortung nicht ab. **A**

Lösung 154

Lösung a.

siehe Ziffer 20.3 DGV-Vorgabensystem. Die erste DGV-Stammvorgabe muss in einem Wettspiel erspielt werden. **A**

Lösung 155

Lösung c.

Wenn ein Spieler einen Regelverstoß beobachtet, so soll er den anderen Spieler am besten vor dessen nächstem Schlag darauf hinweisen. Sagt der Spieler erst nach Abgabe der Scorekarte etwas zu dem Fall und stellt sich heraus, dass es sich tatsächlich um einen Regelverstoß handelte, so ist der andere Spieler disqualifiziert. Es wäre zudem äußerst unsportlich, einen Regelverstoß erst zu melden, wenn dieser nicht mehr korrigiert werden kann. Dies kann auch zur Disqualifikation desjenigen führen, der damit zu lange gewartet hat. **E**

Lösung 156

Lösung b.

Golfplätze haben für jede von bestimmten Abschlägen (z. B. gelb markierten) zu spielende Runde einen Course-Rating-Wert und einen Slope-Wert. Sie sind ein Maß für die Schwierigkeit dieses von diesen Abschlägen gespielten Platzes. Wenn ein Spieler mit der gleichen DGV-Stammvorgabe wie auf seinem Heimatplatz auf einem anderen Platz eine andere DGV-Spielvorgabe erhält, so hat dieser Platz offensichtlich eine andere (in diesem Fall „schwerere") Bewertung. Der Spieler kann dies an Hand der in den Golfclubs ausgehängten DGV-Spielvorgabentabellen kontrollieren, falls er wirklich einen Irrtum befürchtet. **A**

E = Etikette · A = Allgemein · R 1 = leichte Regelfrage · R 2 = mittelschwere Regelfrage · R 3 = schwere Regelfrage

Lösung **157**

Lösung a.

Wenn ein Platz mehrere Herrenabschläge auf jedem Loch hat, so können alle Herren von jedem dieser Abschläge vorgabenwirksam spielen. Die Abschläge sind nicht an ein Alter oder eine Spielstärke gebunden, auch wenn Golfclubs Spieler mit höheren Vorgaben vielfach von den blauen Abschlägen starten lassen. Der Vorteil, einen von vorne entsprechend kürzeren Platz spielen zu dürfen, wird durch eine niedrigere DGV-Spielvorgabe für die Runde ausgeglichen. Die DGV-Stammvorgaben –36,0 der beiden o. g. Spieler sind also gleichwertig, egal von welchen Abschlägen sie erzielt wurden. **A**

Lösung **158**

Lösung a.

Nachdem eine Scorekarte abgegeben wurde, darf nichts mehr darauf geändert werden (siehe Regel 6-6b und 6-6c). Der Spieler ist für seine Karte verantwortlich und muss sich darum kümmern, dass diese den Anforderungen der Regeln genügt. **R 3**

Lösung **159**

Lösung a.

Der Spieler muss so verfahren, wie er es für richtig hält. Wenn seine Mitbewerber glauben, dass dies nicht zulässig ist, so sollten sie nicht widersprechen, aber ankündigen, nach der Runde die Spielleitung zu dem Fall zu befragen. **A**

Lösung **160**

Lösung d.

Nach der Spielleitung des jeweiligen Wettspiels ist der DGV-Regelausschuss die nächste Instanz zur Beantwortung einer ungeklärten oder strittigen Regelfrage. Alle anderen Personen und Gremien können der Spielleitung zwar u. U. einen Rat geben, aber keine verbindliche Entscheidung treffen. Anfragen an den DGV – Regelausschuss müssen über die Spielleitung eingereicht werden und werden üblicherweise innerhalb einer Woche beantwortet. **A**